Die Stasi, der NSU und ich
Mein Leben in Thüringen

Thomas Grund

© 2020 Thomas Grund, Kontakt über kakerlaktus@web.de

Überarbeitung des Textes und Lektorat: Bastian Steinbacher · BuchSchreiberei.de
Korrektorat: Nina Badelt

Umschlag, Layout, Satz: chaela · chaela.de

Verlag: tredition GmbH, Halenreie 40–44, 22359 Hamburg 1. Auflage (Januar 2020)

978-3-7497-8239-0 (Paperback)
978-3-7497-8240-6 (e-Book)

Thomas Grund

DIE STASI, DER NSU & ICH

Mein Leben in
THÜRINGEN

Inhalt

Kapitel 1

In einem bekannten Song schrie Mick Jagger ins Mikrofon, dass er schreien und brüllen und den König töten werde. Es sei Zeit für eine Palastrevolution. So (oder zumindest so ähnlich) fühlte ich mich auch.

1953 wurde ich geboren, mitten in die damals neu gegründete DDR hinein, und dieses Buch wird mein Leben skizzieren, das ich inmitten der Grenzen der sozialistischen Republik führen durfte.

Mein Vater ein alter Proletarier, meine Mutter Hausfrau, und ich kein einfaches, ganz sicher sogar ziemlich wildes Kind, mit dem vor allem »der Alte«, wie ich ihn stets nannte, so gar nicht klar kam. Aus lauter Verzweiflung verprügelte er mich regelmäßig mit einem alten, dicken Gummischlauch, mit dem er einmal im Jahr Apfelwein abzog. Das eigentliche Problem war nicht ich, sondern die Tatsache, dass es vor mir schon einen anderen Jungen gab; er wurde acht Jahre alt und starb knapp ein Jahr vor meiner Geburt an einer Blutvergiftung. Für meine Eltern tragisch, für mich letztlich ein Glück, denn ohne seinen Tod hätte es mich nicht gegeben. Sie wollten nur ein Kind, ich war Ersatz, eine Art Einwechselspieler und musste mir jeden Tag von dem Alten anhören, dass der Andere viel besser drauf gewesen sei als ich - das war natürlich scheiße. Schuldig gestempelt war ich schon vor meiner Geburt, denn meine Mutter traf der Verlust ihres ersten Sohnes besonders hart. Sie weinte viel, gerade in der Schwangerschaft. So viel, dass die Leute ihr sagten, sie solle endlich aufhören, das tote Kind zu bejammern. Fortan hielt sie die Klappe und fraß den Rest in sich hinein. Der alte Preuße meinte später immer zu mir, er hätte so ein wildes Kind nicht verdient und ich dachte, dass all das wohl keiner von uns verdient hätte.

Das Elendige und Verrückte am Kind sein ist, dass man überhaupt keine Ahnung hat, und seine Eltern in totaler Abhängigkeit liebt, ganz gleich, ob und wie wenig sie das auch verdient haben. Also dachte ich mit sechs Jahren, der Alte wäre zwar komisch, aber wüsste dennoch alles. Spätestens mit zwölf wurde mir klar, dass er überhaupt keine Ahnung hatte. Er war Zimmermann, lernte in Gotha auf der Fachwerkschule und später bei Carl Zeiss. Als der Krieg begann, hatte er es zum Feuerwehrhauptmann bei der freiwilligen Feuerwehr geschafft und wurde dadurch nicht eingezogen. In den letzten Kriegstagen 1945 hatte er über einen unterirdischen Gang vom Zeisswerk ins Volkshaus ziemlich viel, ziemlich wichtiges Zeug beiseitegeschafft, damit es den Amis nicht in die Hände fiel; keine Kunst, sondern Baupläne und Entwicklungen und solchen Kram. Als dann später die Russen kamen, wurde ein Direktor eingesetzt, den er bereits kannte und ihn nicht vergessen hatte. Die Nazis hatten ihn eingesperrt, und meinen Vater hatte er als Bauingenieur mit einem Einzelvertrag bei Zeiss ausgestattet, sodass er Geld verdienen konnte und meine Mutter nicht arbeiten gehen musste. Sie beschäftigte sich den ganzen Tag damit, mich zu bekochen, was man mir ansah: Ich war dick und rund. Meine Mutter lernte als Kind Hauswirtschaftshilfe, was damals normal war. In den 40er Jahren war sie in einem Fotozirkel, ging viel wandern und machte Bilder aller Art, die sie mir später gerne zeigte. Fortan war sie eigentlich immer zu Hause und übernahm den ausgleichenden Part zum Alten, auch wenn sie nicht in der Lage war, mich vor ihm zu beschützen.

Die Sache mit dem Gummischlauch hörte erst auf, als ich mich eines Tages traute, mich zu wehren. Ich war 15 Jahre alt und meine Haare so gerade über die Ohren hinausgewachsen. Meine Haare passten dem Alten überhaupt nicht und irgendwann kam er mit der Schere an und wollte etwas gegen seinen Unmut tun. Ich schubste ihn weg, zum allerersten Mal wehrte ich mich, das war die Befreiung, von da an ließ er mich in Ruhe.

Auch in der Schule hatte ich ganz schöne Probleme, da ich dick war und von den anderen Kindern größtenteils ausgeschlossen wurde. Ich wusste mir nicht anders zu helfen, als den Klassenkasper zu spielen, was natürlich nur bedingt funktionierte, und hier und da sogar harte Konsequenzen nach sich zog.

In der fünften oder sechsten Klasse entdeckte ich eine große Leidenschaft für Chemie und widmete mich dem Bombenbau. Es kam, wie es kommen musste: Die Bömbchen wurden immer größer und zu Silvester 1968 lief ich durch das Wohngebiet und eine Bombe ging zu früh hoch. Es hatte mir die Augen verätzt, so sehr, dass sie mir in der Augenklinik Krümel ausbohren mussten. Eisbaden sollte ich auch, wegen der verbrannten Haut, aber weil das derart kalt war, drehte ich das warme Wasser auf, was bestenfalls für mäßigen Therapieerfolg sorgte. Der Alte meinte, ich sei dümmer als die Polizei erlaubt. Das weiß ich noch... Gelernt hatte ich allerdings nichts aus der Sache. An der Berufsschule, beim UTP (Unterrichtstag in der Produktion) baute ich dann später mal ein Bömbchen, das ich extra auf einer Wiese zündete – trotzdem drückte es zwei Fenster in einiger Entfernung raus.

Glücklicherweise konnte ich unerkannt flüchten. 1959 ist meine Mutter in Kunitz beim Äpfelplücken von der Leiter gefallen und hatte sich das Rückrad angebrochen. Immer, wenn meine Mutter in einer Klinik lag, musste ich ins Kinderheim nach Bad Sulza, in diesem Fall für sechs Wochen. Da kam wie üblich das große Trara vom Zeißdirektor Hugo Schrade, und lieferte mich in Bad Sulza ab. Irgendwann bekam mein Alter dann sogar mal einen Brief von der Flora-Drogerie, mit der Bitte, dass ich dort keine Sachen mehr kaufen sollte, um daraus Bomben zu bauen. Danach bastelte ich dann nur noch Qualmbomben, das machte auch Spaß.

Im Nachhinein betrachtet war das, bis auf den Alten und seine alles mit Gewalt unterdrückende Art, schon gar keine so schlechte Kindheit. Ich wurde auch musisch gefördert und spielte Geige, ungefähr sechs Jahre lang, bei einem Privatlehrer. Mit 15 wollte ich dann nicht mehr, denn es gab damals noch keine Bands, bei denen einer mit Geige mitmachen durfte, das kam erst im Laufe der 70er Jahre. Meine Mutter setzte durch, dass ich Gitarre lernen durfte; die Lehrerin wollte klassisch spielen, ich wollte Rock'N'Roll und so habe ich das Ding nach einem Vierteljahr in die Ecke geworfen und nie wieder angerührt.

Seit 1971 immer mit dabei war mein damaliger Freund Gerd Fritze, der gleich um die Ecke wohnte und genauso gerne soff wie ich. Bei jeder Eggschen waren wir dabei, Zeissfest, Schottplatz et cetera. Seit ich in Ilmenau lernte, sahen wir uns nur noch an den Wochenenden, und als ich in Eisenberg lag, gar nicht mehr, denn Gerdi kam auf die blödsinnige Idee, drei Jahre zur Armee gehen zu wollen. Das war sein Ende: Als er wiederkam, verstand er die Welt nicht mehr. In der Zwischenzeit spielte ich in der JG eine Rolle, die Themen hatten sich geändert und Zeitsoldaten wurden misstrauisch beäugt und niederdiskutiert. Gerdi verschwand für immer aus der JG, heiratete, die Frau ließ sich scheiden und Gerdi brachte sich um. Ein weiterer Freund war der kleine Charlie, ein stiller angenehmer Typ – auch er brachte sich kurz nach Gerdi um. Blase gehörte auch zu meinen engsten Freunden. Er wohnte bei seiner Mutter oberhalb des Melanchthonhauses. Seine Mutter war stramme Parteigenossin. An manchen Wochenenden war sie nicht da und ich übernachtete bei Blase. Wir kochten uns Spaghetti mit Tomatenmark und hörten viel Soldatensender. Blase hatte einen jüngeren Bruder Ulli, der später auch in der JG auftauchte. Blase orientierte sich nach Matz' Tod in Richtung Westberlin. 1987 hatte seine Mutter einen Herzinfarkt, und da sie betucht war, durfte er sie in Jena besuchen. An einem Nachmittag klingelte es, Petra öffnete und brach in Jubel aus: Blase stand vor der Tür. Er hatte zwar die Auflage, niemanden zu besuchen; da er seinen Bruder Ulli aber ausgetrickst hatte, hat die Stasi nicht mitbekommen, dass er sich der Anordnung widersetzte. Blase wollte seinen Bruder nicht in Schwierigkeiten bringen, und uns natürlich auch nicht.

1991 brach er den Kontakt zu Ulli ab, nachdem die Akteneinsicht feststelle, dass Ulli IM war und auch schon in der Jungen Gemeinde (folgend: JG) gespitzelt hat. Lothar Seitz war auch ein Freund, der von den linken DDR Stasi-Faschos in den Tod getrieben wurde. War regelmäßig in der JG und bei Werkstätten zwei Jahre lang der Berater vom Dienst. Irgendwann wurde er zur Asche eingezogen und kam sehr deprimiert wieder. Seine Freundin war weg und er zog in Jena-Ost in eine kleine Wohnung.

Irgendwann wurde er wegen Arbeitsbummelei verurteilt, saß ein Jahr im Knast, und musste sich einmal in der Woche bei der Bullerei melden. Der zuständige ABV war der Meinung, er müsse ihn ärgern, und verbot ihm, Besuch zu empfangen. Er beschimpfte den ABV als Kommunistenschwein und kam wieder in den Knast. Als er raus war, haute er nach Erfurt ab, und wohnte in einer WG, in der regelmäßig nachts Bullen auftauchten und Ausweiskontrollen durchführten. Lothar war in der Zwischenzeit Fensterputzer und arbeitete von 6 bis 15 Uhr. Die nächtlichen Störungen spielten ihn so kaputt, dass er irgendwann einem der Bullen in die Schnauze schlug, was ihm wieder Knast einbrachte. Danach bekam er eine Arbeitsplatzbindung in einem Kaff bei Erfurt, durfte das Kaff nicht verlassen und drehte ein Jahr später den Gashahn auf. 1972 musste ich dann eine ganze lange Zeit ins Krankenhaus, um mir die X-Beine richten zu lassen. Erst 1973, nach einer Ewigkeit im Bettgips, durfte ich wieder raus und musste anschließend noch einmal über ein Jahr Gehgips tragen, der ständig kaputt ging, weil er mich nervte und mir sowieso ziemlich viel ziemlich scheißegal war zu dieser Zeit.

Das Dilemma hatte aber auch sein Gutes, denn in der langen Genesungsphase bekam ich Invalidenrente und musste genau in diesen Tagen als Rentner zur Musterung. Es ging sehr schnell: Ein Arzt sagte zum anderen, dass das eh nichts mit mir werden würde, mit mir und meinem Bein, und so wurde ich kurzerhand ausgemustert – Gott sei Dank! Den dazugehörigen Invalidenausweis habe ich übrigens noch und auch wenn er nichts mehr wert ist, benutze ich ihn manchmal, wenn man irgendwo schlecht parken kann...

Ich hatte das Glück, auf einer Raucherstation zu landen. Auch wenn es in der DDR fast keine Rechte gab: Das Recht der Raucher wurde toleriert. Der Krankenhausflur war ein paar hundert Meter lang. Die Stationen kamen alle zirka 60 Meter und auf diesem Gang veranstalten ein paar Karretelfahrer Wettrennen, bis es mich in einer Kurve umhaute, der Gips brach und der Professor feststellte, dass mein Unterschenkel wie ein Lämmerschwanz klapperte, worauf ich dann knapp zwei Jahre den Gehgips herumschleppte. Täglich fuhr ich in den »Konsum« einkaufen, brachte auch anderen Zimmern etwas mit, und schon bald entwickelte sich eine Skatgruppe. Wir spielten um die Zehntel, das Geld kam in eine Kasse, und wenn genug drin war, gab es Glühwein, den wir in der Küche zubereiteten. Manchmal fuhr ich auch mit dem Karretel in den Wald und suchte Pilze. Die bereitete ich am Abend, wenn nur noch eine Nachtschwester da war, in der Stationsküche zu und verteilte sie.

Unsere Station war das Abstellgleis, auf der die Patienten sehr lange liegen mussten. Die Patienten mit Knochen TBC lagen in der Regel ein bis zwei Jahre und freuten sich über Pilze und Glühwein, gerade im Winter, wenn es höchstens 14 Grad Zimmertemperatur war. Die einzige Umwälzpumpe lag in der Mitte auf der Professorenstation; meine Station war die Letzte in der Reihe. Irgendwann nach dem Krankenhaus lernte ich ein Mädchen kennen, und weil mich der Alte so nervte, zog ich zu ihr nach Jena-Ost. 1974 rief mich dann meine Mutter an, ich sollte schnell vorbeikommen: Der Alte hatte auf dem Dach Essenköpfe abgebaut und dabei einen Herzinfarkt bekommen. Oben lugte er tot aus dem Fenster, während der Rest von ihm auf dem Dachboden auf der Leiter stand. Es war nicht sein erster Herzinfarkt - aber sein letzter. Um ganz ehrlich zu sein, war ich ziemlich froh darüber!

Meine Mutter hatte immer versucht, seine Härte glattzubügeln, war stets mütterlich, konnte aber bestimmte Zusammenhänge einfach nicht erkennen und mich nicht vor ihm beschützen.

Heute, ein halbes Jahrhundert später, betrachte ich es dennoch als großen Wert, dass ich immer das Gefühl bekam, nach Hause kommen zu können. Schlecht war sie also nicht, meine Kindheit.

Ich durfte schreien, brüllen und über den König und alle seine Diener schimpfen. Es war nur eben irgendwann an der Zeit für eine Palastrevolution.

kapitel 2

Als Musik wohl die größte Macht in ihrer Geschichte hatte und vieles auf faszinierende Art und Weise beeinflussen konnte, hatte ich gerade die Schule beendet und war heilfroh, diese Institution endlich hinter mir lassen zu können. Ich ging nach Ilmenau in die Lehre zum Glasapparatebläser, nicht, weil ich Bock darauf hatte, sondern, weil mir mein Vater die Stelle vermittelte. Froh war ich, unter der Woche von zu Hause weg zu sein; die Wochenenden verbrachte ich in Jena, allerdings mit meinen Freunden. Wir ließen es stets ordentlich krachen.

Nach der Lehre arbeitete ich bei Schott und hielt das auch, über die lange Zeit im Krankenhaus hinweg, bis 1980 durch. Dann hatte ich endgültig die Schnauze voll. Bis dahin ging es eigentlich ganz gut in dem Laden, da ich einen Meister hatte, einen typischen Arbeiter, der mich machen ließ, solange ich meine Norm schaffte. Und die schaffte ich locker! Nicht, weil ich besonders talentiert oder fleißig gewesen wäre, sondern weil ich den Normer durch einen ganz simplen Trick nach Strich und Faden verarschte: Wenn man die Flamme beim Glasblasen etwas kälter stellte, brauchte das Glas logischerweise länger, bis es schmolz. Ich schraubte die Flamme also zur Prüfung so weit herunter, dass es die doppelte Zeit brauchte und dann wurde genormt. Später hatte ich also immer locker 130 bis 140 Prozent Normerfüllung, durfte 120 Prozent aufschreiben und den Rest als Überstunden abfeiern. Das war für mich natürlich super – kein Stress und dann auch noch mehr Freizeit! Natürlich wusste mein Meister Bescheid, der war ja nicht doof, aber er wusste auch, dass er natürlich selbst besser dastand mit so einem guten Pferd im Stall. Wir hatten also beide etwas davon und damit war es erledigt. Genauso wie das eine Mal, als ich in der Mittagspause saß und froh war über die frische Lust und die Ruhe; die Brenner waren halt sehr laut und ziemlich heiß. Plötzlich kam irgendeine Tussi rein, die ihr Brot sonst auf dem Topf aß, um aus zwei Pausen eine zu machen, und dann länger an ihrer Normerfüllung schrauben zu können. Sie kam in den Pausenraum und stellte den Betriebsfunk ein, und zwar so laut, dass es kein Entkommen gab. Sie wollte unbedingt die Ansprache irgendeines Bonzen hören, Zittermann oder so. Ich wollte das nicht, ich brauchte meine Ruhe, stand also auf und machte das Ding aus. Sie schaltete es wieder ein, ich wieder aus und sie wieder ein. Irgendwann habe ich sie angeplärrt, sie solle den Scheiß jetzt auslassen, ich wolle mir das nicht anhören.

Einen Tag später kam der Parteiagitator von Schott und hielt eine wahrlich unverschämte Rede, in der er Bezug nahm auf die Geschehnisse im Pausenraum. Diesmal wollte ich auch ihm gegenüber nicht den Schnabel halten und mich wehren. Und gerade als ich sagte: »Wenn Sie auf meinem Platz sitzen würden ... «, unterbrach er mich und meinte, dass man Zittermann ohnehin besser im Stehen hören sollte. Spätestens da war klar, dass man mit dem Arsch nicht reden brauchte, es hatte einfach keinen Sinn. Ich stand auf und ließ ihn stehen. Mein Meister meinte danach, dass ich mich ganz schön aus dem Fenster gelehnt hätte mit der Sache, aber dass der Parteigruppenorganisator auch ein Arschloch wäre. Damit war das Thema zwischen uns gegessen und ich brauchte keine weiteren Sanktionen fürchten. Ein anderes Mal saß einer hinter mir, der keine Lust hatte, zu arbeiten. Irgendwann kam der Obermeister, ein dicker, fetter Glasmacher, der ihn laut anbrüllte. Da grinste der Faule und sagte nur, dass er sich von einem, der letzte Woche besoffen von der Bühne gefallen wäre (so nannte man die Arbeitsstelle am Ofen), gar nichts sagen lassen würde. Da war Ruhe und der Obermeister stiefelte von dannen; er konnte ja schlecht nach oben für Sanktionen sorgen, wenn der unten ihn selbst hätte anschwärzen können. Und dass der Faule von diesem Malheur Wind bekommen hatte, war eine Steilvorlage, sich für eine ganze Zeit aus der Schussbahn zu nehmen.

Diese kleinen Scharmützel mit der Obrigkeit waren Alltag in der DDR, und wenn man dazu kein ausgleichendes Gegengewicht hatte, funktionierten die auf Angst und Unterdrückung ausgelegten Mechanismen über kurz oder lang auch bei den meisten. Bei mir stießen sie jedoch damit auf taube Ohren. Durch meinen Vater war ich in Rebellion geübt, fühlte mich im Grunde niemandem zugehörig und hatte kaum etwas zu verlieren.

Schon im Lehrlingswohnheim durfte ich die zweifelhafte Erfahrung machen, mehr oder weniger zum Friseur geprügelt zu werden, da meine langen Haare als Angriff auf das System und die Gesellschaft galten. Seitdem ließ ich niemanden mehr an mein Haupt- und Barthaar, was mir letztlich den Spitznamen »Kaktus« einbrachte. Die anderen verstanden nicht, warum ich so viel Ärger in Kauf nehmen und mir das Leben so schwer machen würde, statt einfach zum Friseur zu gehen, es seien doch nur Haare. Nein – es waren nicht nur Haare. Es war mein Kopf, und es waren meine Haare.

Für die Obrigkeit war es ohnehin eine Katastrophe, doch für mich war es ein Weg, der aufgezwungenen Anpassung offensichtlich zu widersprechen. Weil der Druck jedoch sehr groß war und aus allen Richtungen kam, war dies eine Haltung, mit der man sich schnell auch unverstanden fühlte und zu vereinsamen drohte. Entsprechend froh war ich, wenn das Wochenende näherkam und ich nach Hause fahren konnte, um mich mit Gleichgesinnten zu besaufen.

Mit diesen Erfahrungen im Gepäck, weitgehend orientierungslos und abgewrackt, saß ich eines schönen Abends 1970 im »Grünen Kranz« in der Lutherstraße und ließ mich mit ein, zwei Kumpels vollllaufen. Plötzlich tauchte ein Typ auf, langhaarig und mit Bart, der uns anquatschte, ob wir nicht Lust hätten, mit in die »Junge Gemeinde« zu kommen. Es gäbe dort immer einen Kasten Bier und ein paar nette Mädels.

Bier und Bräute – da musste man uns Halbstarke nicht zweimal bitten. Wir gingen mit und kamen dort an; ein Haufen Langhaariger saß tatsächlich um einen Kasten Bier und diskutierte - offen! So etwas kannte ich bis dato gar nicht.

Auch wenn ich viel zu schüchtern war, etwas beizutragen, war ich von Anfang an schwer begeistert von der dortigen Atmosphäre, die man so nirgendwo in dieser Zeit erleben konnte. Ein Ort, an dem jeder sein durfte, wer er wollte, an dem man sagen durfte, was man tatsächlich dachte, an dem man die Fragen, die einen umtrieben, stellen und diskutieren konnte. Es war eine Oase der Freiheit, die mich sofort in ihren Bann zog. Mit der Kirche und Gott hatte ich nicht viel zu tun, auch wenn ich schon dachte, dass da irgendwo wer sitzen würde und vielleicht das ein-oder-andere ein bisschen lenken könnte, und so entdeckte ich dort eine Art Schutzraum, in dem ich als Mensch wichtig war – und nicht meine Haare.

Außerhalb war es anders. Hier waren plötzlich Leute, die nicht darauf warteten, dass ich sagte, was sie hören wollten, sondern an ernsthaftem Austausch interessiert waren und keine Grenzen in ihren Köpfen kannten. Es war ein Paradies und eine Gemeinde, die mir zum ersten Mal in meinem Leben das Gefühl gab, dazuzugehören. Die Mischung an Menschen in der »Jungen Gemeinde« (folgend nur noch: JG) war eine völlig bunte, und jedes Jahr im September tauchten etliche neue Gesichter auf, die aus verschiedensten Orten der DDR nach Jena kamen, und entweder schon zu Hause Kontakt mit der Kirche hatten, oder aber mitbekamen, dass es hier einen offenen Kreis gab. Oberschüler und Schüler, aber zunehmend auch Lehrlinge und Facharbeiter aus allen Fachrichtungen, was die Gruppe immer frisch gehalten hatte und für neue Themen und Input sorgte. Natürlich wurde es zunehmend politischer, ganz gleich, ob in den Gedanken, Gesprächen oder Aktionen, und natürlich blieb das nicht lange unbeobachtet und spitzte sich zu, während ich Stück für Stück dort hineinwuchs – erst in die Gruppe, dann in das Vorbereitungsteam. Irgendwann gehörte ich so richtig dazu.

Die Ausbürgerung des bekannten Liedermachers Wolf Biermann führte 1976 dann zu etlichen Verhaftungen und harten Gefängnisstrafen. Die ganze Riege derer, zu denen ich aufsah, war plötzlich im Knast, und ich war einer der wenigen, die übrig geblieben waren. Es gab ein gestiegenes politisches Interesse, das natürlich auch eine Welle neuer junger Leute in die JG spülte, und das ich irgendwie auffangen musste. Schnell begriff ich, dass es mir an Führungsqualitäten und Wissen fehlte, aber mein Herz hing an dem Laden, und so beschloss ich 1977, mich weiterzubilden, während ich im Krankenhaus lag (um mir diesmal das andere Bein richten zu lassen…).

Ich wollte eine Ausbildung beim Burckhardthaus in Berlin als Gemeindehelfer machen, mit der ich heute wohl Religionsunterricht an Schulen geben dürfte. Doch schon kurz nach Beginn rückte die Stasi an und beschlagnahmte meine Lehrmaterialien zu Kontrollzwecken. Dadurch hing ich so weit hinterher, dass ich dachte, ich würde die Ausbildung nicht schaffen und sollte lieber im nächsten Kurs noch einmal neu starten. Durch meine schulischen Erfahrungen geprägt, war ich ohnehin jemand, der sich diesbezüglich wenig zutraute und Zeit seines Lebens unter Prüfungsangst litt. Ich blieb also bis 1981 bei Schott und schmiss dann dort das Handtuch, auch, weil mich meine damalige Freundin verlassen hatte. Ich war total fertig mit der Welt und haute ein halbes Jahr lang den Kohl auf den Kopf, also alles, was ich mir bis dahin erspart hatte. Ich trank enorm viel.

kapitel 3

Irgendwann in dieser Zeit, in der ich Walter kennenlernte, begegnete mir auch ein junges Mädchen, mit dem ich eine ganze Weile ziemlich viel Spaß hatte. So viel, dass wir 1974 heirateten und kurz darauf ein Kind bekamen. Leider war es ziemlich schnell auch schon wieder vorbei mit dem Spaß, nicht wegen des Kindes, ganz im Gegenteil, sondern weil die Dame erst die flexible Seite ihres Herzens und dann einen Parteigruppenorganisator kennengelernt hatte. Ausgestattet mit viel Einfluss sorgte dieser vor Gericht dafür, dass ich kein Umgangsrecht für das Kind erhielt, auch wenn das keine allzu schwere Aufgabe war, denn Rechte existierten für Staatsfeinde nicht, und ich war mittlerweile ein Staatsfeind. Dass mich meine Frau vier Jahre nach unserer Hochzeit verließ, war ein schwerer Schlag für mich. Ich trat Frauen lange ohne Selbstbewusstsein gegenüber und war dann froh, dass sich eine für mich interessierte. Aus dieser glücklichen Fügung heraus tat ich eigentlich alles, was sie wollte - und noch ein bisschen mehr. Trotzdem reichte es nicht. Unerwartet war es dennoch. Heute denke ich, dass sich von da an eine gewisse Bitterkeit in mir breitmachte. Meine Frau und ihr neuer Typ zogen mit der Kleinen nach Hermsdorf und so kam es, dass ich meine Tochter Maria erst 18 Jahre später richtig kennenlernen durfte. Plötzlich stand sie vor mir, eine richtige junge Frau, die sich wunderte, warum sie drei Omas hatte und mir dann erzählte, dass ihre eigentliche Großmutter sie immer mal wieder mit zu einer anderen alten Frau nach Jena genommen hatte, meiner Mutter! Sie hatte mir nie erzählt, dass sie in all den Jahren immer mal wieder Kontakt zu meinem Kind hatte, so groß war ihre Angst, es könnte rauskommen und Ärger geben. Auch das waren die DDR und deren Nachwirkungen.

Irgendwann fiel meiner Tochter auf, dass diese andere Oma eine verwandtschaftliche Beziehung zu ihr haben könnte und so kam raus, was ihr nie jemand gesagt hatte, nämlich, dass ich ihr Vater war. Sie wuchs in dem Glauben auf, der Parteityp wäre ihr Vater. Da dieser jedoch auch nicht lange in Mode war und dann, zeitgemäß und zielorientiert, erst ein Handwerker und dann ein Bonze an seine Stelle trat, konnte der es auch nicht aufklären. Ihre eigene Mutter war es dann, die sich in immer diffusere Geschichten verirrte, und so machte sich die Kleine irgendwann auf den Weg, die Wahrheit selbst herauszufinden. Inzwischen ist meine damalige Frau tot und ich habe ein sehr gutes Verhältnis zu unserer Tochter Maria.

Anfang der 80er Jahre lernte ich dann meine zweite Frau kennen. Mit ihr lief vieles besser. Wir heirateten und bekamen zwei Kinder – 1983 wurde Katharina geboren und fünf Jahre später Konrad. Die Wohnung in dem Haus, das mein Großvater 1909 gebaut hatte, und das nun nach dem Tod meines Vaters meiner Mutter gehörte, war schon nach Katharina zu klein geworden. So nahmen wir sie mit in eine schöne große Wohnung mit 150 Quadratmetern und verschenkten das Haus an die Gebäudewirtschaft. Auch so eine Sache, die heute ein bisschen merkwürdig klingen mag, aber damals eben so war: Die Mieteinnahmen waren winzig, der Sanierungsbedarf enorm und der Wert des Ganzen folglich verschwindend gering – wir hatten keine Wahl, also weg mit dem Klotz am Bein! Mit der Wende änderte sich, wie bei so vielen, beinahe alles für uns und damit auch für mich. Ich ging zum Amt für Vermögensfragen, stellte einen Rückführungsantrag und weil ich bestimmte Sachen nachweisen konnte, bekam ich das Haus zurück, nahm einen großen Kredit von 240.000 D-Mark auf und begann damit, die Hütte selbst zu sanieren. Etliche Firmen lachten mich und mein Budget aus, zu wenig Pinke-Pinke für so ein großes Haus, sagten sie. Der neue Wind war ihnen zu Kopf gestiegen, dachte ich.

Aber ich gab nicht auf und fand in Laasdorf eine kleine feine Ostfirma. Gemeinsam sanierten wir das Dach, 42 Fenster, sowie ein paar Türen, und am Ende blieb sogar noch etwas übrig, um den Dachboden auszubauen. Mit der Fertigstellung der Sanierung bekamen wir in unserer schönen großen Wohnung neue Vermieter und eine saftige Mieterhöhung. In unserem eigenen, vermieteten Haus wurde zeitgleich eine Wohnung frei, sodass meine Frau mit den beiden Kindern zurückzog und ich mit meinem Freund »Käfer« noch eine Weile blieb, um Abstand zu schaffen und damit klarzukommen, dass sie mich längst verlassen hatte. Als Käfer ging, kam Fritz und schaffte es auch ein paar Jahre. Als auch der Dachboden im alten Haus fertig ausgebaut war, zog Käfer ganz oben ein und ich mit meiner Mutter ganz unten in die Wohnung. So konnte ich den Kindern nah sein und sie regelmäßig ins Bett bringen. Das funktionierte ein paar Jahre ziemlich gut. Auch als meine Frau und die Kinder zwei, drei Straßen weitergezogen waren, hielten wir uns an die Vereinbarung und ich konnte meinen Kindern ein Vater sein. Am Tag der Hochzeit war Rolf verschwunden, er hatte aber das gesammelte Geld, um die Kutsche zu bezahlen. Wir mussten also noch einmal sammeln. Hinterher stellte sich heraus, dass Rolf erneut im Knast gelandet war. So gesehen, hat also in meiner zweiten

Ehe schon eine ganze Menge sehr viel besser und sehr viel länger geklappt als in der ersten, auch wenn ich das am Anfang nicht gedacht hätte und am Ende nicht wahrhaben wollte. Aber da ich irgendwann aufgehört hatte, über bestimmte Dinge zu sprechen, wie zum Beispiel über Gefühle, war es halt so und rückblickend auch verständlich. Dennoch war ich sehr deprimiert und eine ganze Weile schwer auszuhalten. Aber wie sagt man so schön: Zeit heilt letztlich alle Wunden. Heute bin ich meiner zweiten Frau sehr dankbar für vieles, vor allem für ihre Geduld mit mir, denn – auch das will ehrlich mal gesagt werden – mit den Kindern war ich immer ein bisschen überfordert. Kinder kommunizieren ganz anders, Gefühle spielen eine große Rolle, und mit Gefühlen, ich ließ es ja schon anklingen, hatte ich schon immer große Probleme. Das wurde auch nicht besser, als meine Mutter starb.

Wir wohnten in ihren letzten Jahren gemeinsam im Haus und teilten uns eine Wohnung. Irgendwann sagte sie, dass sie in ein Heim möchte. Ich war voll berufstätig und sie zu lange allein. Wenn sie stürzte, lag sie Stunden auf dem Boden, bis ich nach Hause kam. Das war für uns beide doof. Als sie fast 90 war, fuhr ich mit ihr durch Jena und sahen uns verschiedene Einrichtungen an. In einem Haus in Winzerla sah sie aus dem Fenster auf die Lobdeburg und meinte, hier würde es ihr gut gefallen. Und dann haben wir das so gemacht. Das ging eine ganze Weile gut, bis ihre Ersparnisse alle waren. Ich verdiente damals 1.600 Mark und war doppelt unterhaltspflichtig und konnte nichts drauflegen.

Als ihr Geld alle war, sagte sie: »Mach dir keinen Kopf Junge, ich sterbe jetzt einfach.« Zwei Tage später rief mich das Heim an und meinte, meine Mutter wäre heute Morgen nicht mehr aufgewacht. Auf ihrem Konto waren genau zehn Euro übrig; sie hatte schon immer ein Händchen für außergewöhnlich gutes Timing. Als ich ihr

Konto kündigen wollte, verlangte die Sparkasse einen Erbschein. Ein Haufen Rennerei und Wartezeit, das war mir zu blöd wegen 10 Euro. Jeden Monat kam ein Brief mit Kontogebühren. Nach 3 Monaten waren die alle. Irgendwann schnappte ich die Zettel, knallte sie in der Bank auf den Tresen und verbat mir weiteren Papiermüll.

Hätten sie auch einfacher haben können.

kapitel 4

Wie alles im Leben hat auch das mit den Gefühlen seine Gründe, denn seit der Geschichte mit meinem Freund »Dackel«, der schon damals einen Grabstein mit der Aufschrift »Hier liegt der Hund begraben.« hatte, ging das mit mir und den Gefühlen nicht mehr. Es ging vielleicht nie richtig, aber seitdem habe ich gar nichts mehr an mich heranlassen können, was keine bewusste Entscheidung war (und mir im Übrigen nicht nur im Laufe meiner zweiten Ehe schmerzlich auf die Füße fiel). Nicht, dass die Geschichte mit meinem verstorbenen Bruder und den folgenden Reaktionen meines Vaters, der manchmal versuchte, alles aus mir heraus zu prügeln, allein nicht ausreichen würden, um eine nachhaltige Bindungsstörung zu begründen. Doch wenn meine Kindheit vielleicht mein Urvertrauen anknackste, dann ließ die Geschichte mit Dackel wohl letztlich alles brechen, was noch nicht zerbrochen war.

Nach der Biermann-Ausbürgerung 1976 wurden alle, die in der JG zu tun hatten, über eine lange Zeit verhört. Viele wanderten in den Knast, nur eine Hand voll Leute blieb übrig und unsere Oase (im Herzen der Stadt) drohte, kaputt zu gehen. Wie in so vielen anderen Verhören auch, wurde mir irgendwann ein Angebot zur Kooperation gemacht. Das formulierte man nicht so, es hieß ganz unspektakulär, dass der Missbrauch durch den Klassenfeind in der Jungen Gemeinde Stadtmitte unterbunden werden sollte und man mir anbot, weitere Gespräche darüber zu führen. Mir war allerdings sofort mulmig bei der Sache, denn unter dem Strich bedeutete das: Ich sollte informeller Mitarbeiter werden, ein Spitzel, wie man heute sagen würde. Ich schwieg, wie so oft, und ließ die Propagandadresche über mich ergehen, während eine kleine Idee in mir keimte. Ein paar Tage später traf ich mich mit Walter und meinem Freund Blase und erzählte beiden von dem Verhör und dem Gedanken, dieses Spiel einzugehen. Man muss dazu wissen, dass es eine Zeit war, in der wir in unserer Gruppe längst gemerkt hatten, dass wir in diesem Land nicht weiter würden leben können, wenn wir nur in Abwehrhaltung verharrten. Es gab also schon länger Gedanken, wie man mit den staatlichen Stellen ins Gespräch kommen könnte, um einen Weg durch die Institutionen zu gehen. Ich hatte also die naive Hoffnung, durch gezielte Aussagen klarmachen zu können, dass wir keine Terroristen waren und nichts Böses im Schilde führen würden. Wir seien einfach ein harmloser, fauler Haufen, der gern Musik hört und Bier trinkt. Kein Grund zur Sorge!

Ich bildete mir ein, dass ich die JG und andere Leute, auch andere Dinge, auf diese Weise schützen könnte, indem ich sie erklärte, verharmloste und als ungefährlich, irgendwie auch uninteressant darstellte. Es war ein Experiment, nur dass mir die Explosivität und die Tragweite, während es begann, noch gar nicht wirklich bewusst waren. Ich hatte auch keine Bereitschaftserklärung unterschrieben oder etwas Ähnliches, ich bin einfach auf das Gesprächsangebot eingegangen und bekam den Decknamen IM Matthias und traf mich fortan etwa einmal im Monat mit meinem Führungsoffizier Würbach. Wir saßen in Hotelzimmern im Bären oder im Gästehaus der Uni, meistens aber in einer konspirativem Wohnung einer alten Dame in einer Neubausiedlung und grasten das immer gleiche Schema ab: Kurzer Small-Talk, und dann die Fragen nach der JG, was es Neues gäbe, was wir vorhätten und so weiter. Ich beantwortete ihm diese Fragen, erzählte, was geplant gewesen war und bemühte mich dabei klarzumachen, warum wir diese Dinge tun wollten. Es war ein diffuses Spiel von Wahrheiten, Vermutungen, Unterstellungen, Propaganda und ähnlichem; es konnte einen um den Verstand bringen, was natürlich gewollt war und letztlich dafür sorgte, dass man Fehler folgen ließ, Fehler, wie den Aufbau von Vertrauen und einer Beziehung.

Würbach und ich duzten uns irgendwann. Er bot es mir an, ich dachte gar nicht über die Wirkung nach und willigte ein. Heute weiß ich, dass es ein konkretes Ziel von Führungsoffizieren war, und dass die Annahme dieses Angebots als Qualität der Beziehung angesehen wurde. Aus heutiger Perspektive abstrus, geradezu lächerlich, aber damals war so etwas von Bedeutung. Einmal schenkte er mir zum Geburtstag ein Buch: »Gesichter Vietnams« – ich nahm es an und dachte mir nichts dabei. Wer sich auskennt mit den Methoden und Herangehensweisen der Staatssicherheit, der weiß, dass auch das ein kleiner Versuch, ein kleiner Test war, der mich letztlich unter Druck setzen und zu einer unüberlegten Aussage verleiten sollte. Und auch, wenn ich mich nicht impfen ließ, erlahmte die Illusion ziemlich zügig, den Kerl umdrehen und für unsere Sache gewinnen zu können. Dieses Experiment war ein guter Wille, aber vor allem eine echte Scheißidee. Und Fakt ist: Es hat nicht geklappt! Es war immer eine Herumeierei, wenn Würbach irgendwelche Aufträge hatte, dass bestimmte JG-Veranstaltungen nicht stattfinden dürfen. 1978 hatte ich Bettina Wegner zu einem Konzert in der Friedenskirche eingeladen. Sie sagte zu. Würbach wollte, dass ich sie wieder auslade. Natürlich kam das nicht in Frage. Ich diskutierte ein wenig mit ihm und sagte dann kleinlaut: »Ja«, aber machte einen neuen Termin einen Tag früher aus. Irgendwann sagte ich ihm, dass das Konzert ausfalle. Es war klar, dass ich keine Werbung für ihren Auftritt machen konnte. Also ging ich vormittags in den Hirsch und machte Mundpropaganda. Abends waren etwa 300 Leute da. Würbach war stinksauer. Meine Ausrede, dass Bettina sich auf das Vertragsrecht berufen hatte, rief bei ihm ein hinterhältiges Lächeln hervor. Was soll's? Das Konzert war Geschichte.

Als wir 1986 mit »Künstler für Andere« Stefan Krawczyk und Freya Klier mit »Pässe & Parolen« eingeladen hatten, war ich ja schon 5 Jahre raus und wurde in dem Operativen Vorgang »Kreuz« bearbeitet. 1976 wurde mein Freund Matz, den ich seit 1974 aus der JG kannte, und der in Lesekreisen sehr aktiv war, mit seiner damals schwangeren Freundin eingesperrt; sie direkt in die Zelle neben ihn. Nach einem intensiven Verhör hörte er aus der Zelle nebenan markerschütternde Frauenschreie. Es muss unaushaltbar gewesen sein. Aber diese Schreie kamen nicht von seiner Freundin, die hatte man längst frei gelassen. Sie waren inszeniert, um ihn zu brechen. Schon da hätte ich aufwachen und aufhören sollen. Schon da hätte ich begreifen können, zu was diese Bande fähig war - doch es wurde noch schlimmer, denn eben dieser Matz war es, der ein paar Jahre später, am 10. April 1981, mit Blase im Zug saß, als man die beiden verhaftete, und erst in Jüterbog und später in Gera stundenlang verhörte. Was dann passierte, kann heute keiner mehr ganz genau nachweisen, Fakt ist: Matz starb zwei Tage später unter ungeklärten Umständen in unberechtigter Gefangenschaft der Staatssicherheit.

Den Unterlagen und Protokollen, die es heute gibt, kann man entnehmen, dass ein gewisser Herr Horst Köhler anderthalb Stunden mit Matz allein im Besucherraum war, kurz bevor Matz angeblich

entlassen werden sollte. Fünfzehn Minuten später wurde sein leb-
loser Körper aufgefunden, erhängt mit seinem eigenen Hemd an
einem Heizungsrohr. Ich habe Köhler später noch zufällig kennengelernt. Er wurde mir nach Matz' Tod als Nachfolger von Würbach
vorgestellt, und war ein ganz harter Hund. Ich spürte sofort, dass
ich ihm nicht gewachsen war, und ließ seine Predigt stumm über
mich ergehen. Erst später erfuhr ich, dass er in den letzten Stunden
bei meinem Freund Matz war, und damit wohl hauptverantwortlich
für das, was geschah.

Die Nachricht von Matz' Tod verbreitete sich wie ein Lauffeuer
und kroch uns in die Kleider. Wir waren fassungslos und schok-
kiert, das hätten wir nicht für möglich gehalten. Plötzlich ging es
nicht mehr um ein Stückchen mehr Freiheit, einen Fußbreit mehr
Individualität, plötzlich ging es um Leben und Tod und das zog uns
den Zahn. Sein Tod hatte vieles verändert, sein Tod hatte uns verändert. Bis heute. Für mich persönlich war es eine Tragödie, die ich
nicht für möglich gehalten hatte. Wir waren keine Verbrecher und
keine Terroristen. Wir waren andersdenkend, ja. Wir waren anders-
aussehend, ja. Und wir protestierten und provozierten, ja. Mehr
aber auch nicht.

Natürlich war damit endgültig klar, dass es mit diesem Verein nichts
mehr zu besprechen gab, es hatte einfach keinen Sinn. Hatte es
offensichtlich die ganze Zeit nicht. Ich musste einsehen, dass es
unmöglich war, Menschen und Kreise und Treffen und Ideen vor
dieser Macht, die keine Grenzen kannte, zu beschützen. Und wer
weiß, vielleicht war ich ja der Nächste? Die Angst griff unheimlich
schnell um sich und mir stellte sich die Frage, wie ich in einer derart
angespannten Lage, aus so einem ultrakomplexen Geflecht aus Lü-
gen und Intrigen wieder herauskommen sollte, aus diesem Drecks-
verein. Wie konnte ich denen klar machen, dass es zu Ende war?

Ich fuhr nach Braunsdorf und fragte Walter um Rat, mit dem ich die ganze Zeit in ehrlichem Austausch stand. Gemeinsam mit ihm, Blase und dem Stadtjugendpfarrer, von dem wir damals noch nicht wussten, dass auch er bei der Stasi war, fuhren wir nach Eisenach zum Landesbischof der Kirche. Wir erzählten ihm die ganze Geschichte, er sagte seine Unterstützung zu und so landete die Angelegenheit über die Bischofskonferenz beim Amt für Kirchenfragen, also ziemlich weit oben. Diese Konferenz konnte, allein weil sie darüber sprachen und das thematisierten, eine Öffentlichkeit schaffen, die in der Lage war, Stasi-Aussteiger zu beschützen.

Zehn Jahre zuvor wäre das noch undenkbar gewesen, aber zu dieser Zeit war die Kirche die einzig ernstzunehmende Gegenmacht zum Staat, mit der sich dieser auch nicht unbedingt ständig anlegen wollte. Da ging es also gar nicht mehr wirklich um mich und doch konnte mir dadurch eine Weile nichts passieren, das konnten sie sich nicht leisten und das beruhigte mich etwas. Etwa ein Jahr nach Matz' Tod, im Frühjahr 1982, haute Blase ab nach West-Berlin. Er war der letzte aus dem Kreis der Älteren, den ich hier noch hatte. Und damit war er im Grunde zu Ende, unser Widerstand. Was blieb, war eine furchtbar schlimme, anstrengende Zeit sowie eine ganze Reihe von Verleumdungen, Vorwürfen und Intrigen sowie Rechtfertigungen, Erklärungen und Gesprächen, die ganz gezielt auf mich einprasselten.

Und mein Freund »Dackel«. Dackel kannte ich damals noch gar nicht allzu lange, aber er wurde schnell mein bester Freund. Es passte einfach zwischen uns. So gut, dass man sich wirklich umeinander sorgte. Einmal, als es mir richtig schlecht ging, schickte er mir sogar eine Freundin vorbei, die sollte sich um mich kümmern. So weit ging diese Freundschaft, beinahe zu weit. An einem ganz unschuldigen Dezembertag 1982, anderthalb Jahre nach Matz' Tod, kam ich aus einer untypischen Richtung, lief an dem Haus meines damals besten Freundes Dackel vorbei, sah dessen Frau aus dem Fenster gucken und mit irgendeinem Mann reden. Plötzlich verschwand erst sie, dann er.

Ich lief vorbei und dachte mir nichts dabei.

Kurz darauf traf ich Dackel, berichtete ihm von diesem Mann und fragte, ob er Ärger hätte; hatte er nämlich öfter, zumeist wegen zu lauter Musik und so weiter und auch, weil er gerne Bullen ärgerte. Er reagierte erst gar nicht und tat es irgendwie ab, aber ein paar Stunden später kam er dann noch einmal zu mir und meinte, er müsse mir etwas sagen. Er hätte gerade mit seinem Führungsoffizier geredet, und der habe ihm gesagt, er solle sich mir öffnen. Dackel war für die Stasi aktiv und wollte mich einweihen, dachte, ich würde schweigen und vielleicht sogar mit ins Boot steigen. Doch ich war inzwischen längst wieder raus! Er wusste gar nicht, dass ich überhaupt mal aktiv war, denn zu meiner aktiven Zeit kannten wir uns einfach noch nicht gut genug und danach war ich froh, mit dem Laden nichts mehr zu tun zu haben, sodass ich ihm auch später nichts erzählte. Keine Ahnung warum, irgendetwas in mir hatte mich immer davon abgehalten, obwohl er in dieser Zeit mein bester Freund war. Jedenfalls fuhr ich dann wieder einmal zu Walter Schilling, erzählte ihm alles und der meinte, er würde es mal versuchen. Walter fuhr mit einer Aktentasche mit einem versteckten Recorder zu Dackel und sagte ihm sinngemäß, dass er aussteigen solle, bevor es zu spät wäre, und dass wir ihn – wie in meinem Falle – versuchen würden zu unterstützen, und dass die Kirche ihn beschützen konnte. Dackel jedoch verweigerte sich, diese Macht wollte er nicht aufgeben. Er fühlte sich sicher und beendete das Gespräch. Daraufhin verschwand er ohne ein weiteres Wort.

Ziemlich genau zehn Jahre lang war er von der Bildfläche verschluckt, zehn Jahre ohne jeden Kontakt. Von heute auf morgen. Mein bester Freund.

TAZ-Archiv vom 28.01.2006

Dr. Henning Pietzsch: »Jugend zwischen Kirche und Staat. Geschichte der kirchlichen Jugendarbeit in Jena 1970–1989«. Böhlau Verlag, Köln 2005, Seite 390.

Henning Pietzsch rekonstruiert facettenreich die Oppositionsbewegung in Jena zwischen 1970 und 1989. Sein Grundlagenwerk erinnert damit an jenen Widerstand in der DDR, der sich nicht erst zu Wendezeiten formierte. So der waghalsige Plan der Szenegröße Thomas »Kaktus« Grund, sich absichtlich von der Stasi anwerben zu lassen, um mittels dieser »Gegenkonspiration« in den Apparat der Geheimpolizei einzudringen und diesen abzuschöpfen. Nach dem Tod von Domaschk fürchtete Grund um sein eigenes Leben und stellte sich unter den persönlichen Schutz des Landesbischofs...

Oder die Geschichte des späteren Kreuzberger Feinkosthändlers Michael Blumenhagen (»Alimentari e Vini«), der zum ersten Todestag von Domaschk eine Skulptur an dessen Grab aufstellte, umgehend verhaftet wurde und erleben musste, wie sein Atelier als »Tatwerkzeug« abgerissen wurde.

Sehr spannend war die ambivalente Rolle der Kirche. Einerseits befand sich fast die gesamte Leitung der Thüringer Landeskirche mit acht Spitzeln in fester Hand des »MfS«. Daneben produzierten sich noch zahlreiche Pfarrer, Diakone und Laien des kirchlichen Umfelds als eifrige Zuträger. Andererseits gab es mit Pfarrer Walter

Schilling eine wichtige Konstante von Widerstandsgeist. Schilling entwickelte bereits seit den 50er Jahren von seinem Pfarramt im abgelegenen Braunsdorf aus Strategien für ideologiefreie Alternativen, zeigte sich dabei stets offen für neue Impulse der Verweigerung, bis hin zum Punk. Anders als einige seiner Kollegen, die sich 1989 kurz vor dem unübersehbaren Zusammenbruch der DDR-Diktatur medienwirksam in Szene setzten, ist Walter Schilling bis heute ein uneitler Basisarbeiter geblieben.

Dann tauchte er nach der Wende plötzlich wieder auf, übernahm in Gernewitz eine Kneipe und lud mich zu seiner Hochzeit mit einer tschechischen Prostituierten ein, so als wäre nichts gewesen. Ich war auch da, aber wie das auf Hochzeiten so ist, hat man mit denen, die heiraten, am wenigsten zu tun. Wir hatten danach auch noch einmal miteinander zu tun, denn Dackel betrieb in der Lutherstraße auch ein kleines illegales Spielkasino sowie eine Art Wohnung für betreutes Übernachten, wie er es nannte. Eines Tages begegnete mir ein minderjähriges tschechisches Mädchen im Jugendamt, sie wurde in einer Klinik aufgegriffen, sollte nun in ein Heim gebracht und anschließend abgeschoben werden – natürlich ohne ein Wort mit ihr zu reden. Ich konnte mir schon denken, dass das eines der Mädchen war, die bei Dackel für Betreuung sorgten, fand den Umgang mit ihr typisch bürokratisch, also unmenschlich, und beschloss, mich einzumischen. Ich fragte das Mädchen, wie es ihr gehe, und sie sagte, sie wolle einfach nur nach Hause. So funktionierten die Behörden natürlich nicht, also setzte ich mich mit »Kuli« zusammen und schmiedete einen Plan drumherum: Erst gingen wir zu Dackel, machten ihm Angst und sagten, er würde nur heil aus der Sache kommen, wenn er uns Spritgeld für eine Fahrt nach Tschechien und den Ausweis des Mädchens geben würde. Dann zogen wir ein paar Strippen und sorgten dafür, dass die Heimleiterin, in deren Obhut sich das Mädchen schon befand, abgelenkt wurde, holten sie ab und machten uns auf den Weg zur Grenze. Dort empfing uns ein zuvor kontaktierter Mitarbeiter vom tschechischen Jugendamt und wir übergaben ihm das Mädchen.

Auf diese Art lief vieles damals, so kurz nach der Wende, als alle ein bisschen überrumpelt waren. Nicht gerade die korrekte Verfahrensweise, aber in jedem Fall die richtige Richtung. Eine Weile später kam Walter Schilling zu mir, warf mir eine Akte auf den Tisch und sagte, ich hätte eine Woche Zeit. Er hatte eine Kopie meiner Stasi-Akte über einen Kontakt aus der Gauck-Behörde besorgt, wohl auch, um zu sehen, wer ihn verraten hatte und ob ich es gewesen war. Da ich es nicht war, teilte er die Beute mit mir und so stand ich nachts an dem Kopierer des »Kassablanca« und kopierte Blatt für Blatt alle ungeschwärzten Originale – noch ohne Behördenstempel. Was ich dort las, zog mir die Schuhe aus! Dackel war gewiss nicht der einzige Spitzel in meinem Leben, aber er war der erste, der konkret auf mich angesetzt wurde, der mich gezielt kennenlernen sollte und dem es tatsächlich gelang, sich im Auftrag der Staatssicherheit eng mit mir zu befreunden. Das muss man sich mal auf der Zunge zergehen lassen. Klar kostete diese Erkenntnis, die ich natürlich schon vermutet hatte, wieder ein mächtig großes Stück Urvertrauen. Auch und gerade weil man natürlich denkt, dass man, wenn man seine Freunde so schlecht einschätzen kann, vielleicht besser keine mehr haben sollte. Und Dackel wusste vieles!

Zum Beispiel wusste er, dass ich ein ganz besonderes Tagebuch geführt hatte. Mehr nicht, aber es scheint so, dass sie ihm, als er aufflog, erzählt hatten, dass auch ich mal mit im Boot saß. Da fiel ihm das mit dem Tagebuch wohl wieder ein. Jedenfalls ging ich einige Tage später, es war ein Montag, das eingesammelte Kirchengeld im Kreiskirchenamt einzahlen und wollte gerade wieder nach Hause, da hielt die Polizei neben mir und nahm mich mit. Es hätte sich herumgesprochen, sagten sie, dass ich ein Tagebuch besäße und das hätten sie nun gern. Sie drohten mit Hausdurchsuchung und weil ich eine faule Sau war, keinen Bock auf so etwas hatte und mit alledem nichts mehr zu tun haben wollte, dachte ich dann: Gut, dann ist es halt weg, das Scheißding, dafür bekommst du keinen Ärger. Also gab ich es ihnen. Der letzte Satz in meinem Tagebuch lautete: Leckt mich am Arsch! So war wenigstens auch dem letzten im Verein klar, dass es mit mir keinen Sinn mehr haben würde.

Dackel war es auch, der nach seiner Enttarnung den klaren Auftrag bekam, aktiv Stimmung gegen mich zu machen, die Leute gegen mich aufzuhetzen und so weiter. Auch diesem Auftrag kam er nicht unerfolgreich nach und sorgte damit für eine der schlimmsten und einsamsten Phasen, die ich so hatte. Und wenn ich heute, so viele Jahre später darüber nachdenke, dann war der IM Carlo, wie Dackel genannt wurde, die wohl größte Enttäuschung meines Lebens. Ich war enttäuscht von ihm. Ich war enttäuscht von mir. Und ich hatte Angst, dass noch irgendwas kommt und dass diese Geschichte nie enden würde. Tja, und wenn ich nun zum Eingangsthema zurückkomme und mich frage, warum es mit mir und den Gefühlen spätestens seit dem Beginn der achtziger Jahre so schwierig war, dann glaube ich, liegt das daran, dass ich in dieser Zeit einfach eine ganze Menge zu tragen hatte.

Eigentlich wuchs mir vieles über den Kopf. Jeden Tag hatte ich die Hütte voll, zu viele Freunde und Bekannte, Leute die sich ausweinen oder besaufen wollten, und alles zusätzlich zur JG-Arbeit und an den Wochenenden gab es Party mit Freuden aus Dresden, Potsdam, Gera, Erfurt, Ilmenau, und so weiter… Angelika Schön erzählte mir, dass sie im Februar 1982 Blase und »Rosti« im »Jakob« in Weimar kennen lernte.

Sie erinnerte sich so genau daran, weil sie mit Rosti in der Kiste landete, er aber am nächsten Tag sang- und klanglos verschwand. 1978 hatte ich auch ein Erlebnis mit Rosti. Ich war gerade mit Simone zusammen. Sie war bei mir und es klingelte. Rosti kam, danach kamen noch zwei, die Probleme mit sich hatten. Ich unterhielt mich etwa eine Stunde mit ihnen im Arbeitszimmer. Als ich wieder ins Wohnzimmer kam, knutschten Rosti und Simone auf meinem Sofa. Ich schmiss beide raus und knallte die leeren Weinflaschen vor die Wand, die in immer in meinem Zimmer standen. Ich musste meinen Frust loswerden.

Am nächsten Tag schippte ich die Scherben in den Mülleimer, und ging von da an den beiden aus dem Weg. An meinem 30. Geburtstag 1983 war unter anderem ein Freund zu Gast, Henry Leuschner. Der brach sich immer einen ab, wenn er gewisse Silben aussprechen wollte, und wurde deshalb von allen »Hackeby« genannt. Er fuhr häufiger mit dem Wartburg
seiner Mutter herum, bis er ihn in einer Kurve schrottete.

Ein paar Monate später hatte seine Mutter einen neuen. Irgendwann wurde er bei einer Flucht angeschossen, landete im Knast und zwei Jahre später in West-Berlin. Seine Mutter wurde irgendwann verhaftet, weil sie immer die Wäscheleinen im Viertel abgeräumt und verkauft hatte. Als Halbtagskraft konnte sie sich damit ihre Autos leisten. 1977 war im Volkshaus eine sogenannte Musikauktion, bei der Leute aus dem Publikum Freunde grüßen konnten. Hackeby grüßte die verhafteten Jenenser mit der Ansage, dass er westdeutsche Jugendliche grüße, die in seiner Schule zu Gast waren. Wir lachten uns tagelang halbtot.

Es war in einer lauen Sommernacht 1978, die Fenster meiner Wohnung waren geöffnet, es waren ja immer ein paar Leute da. Irgendwann war ein lautes Gröhlen zu hören, das langsam näherkam: »Bu-rummbummbumm, die Russen kumm', der Vater trägt die Fahne, die Kinder laufen nackig rum...« Es war mein Freund Hackeby, der mit meinem Freund »Eggschen« besoffen die Lutherstraße entlang tobte, bis sie bei mir ankamen.

kapitel 5

»Reißen wir die Mauern ein, die uns trennen, kommt zusammen, Leute, lernt euch kennen. Du bist nicht besser als der neben dir, niemand hat das Recht, Menschen zu regieren. Im Süden, im Osten, im Norden, im Westen, es sind überall dieselben, die uns erpressen, in jeder Stadt und in jedem Land, heißt die Parole von unserem Kampf: Keine Macht für niemand!«

Ohne »Ton Steine Scherben« ging damals einfach nichts. Sie brachten vieles auf den Punkt und machten diesen unsichtbaren Stempel auf unseren Stirnen sichtbar, der uns mit aller Macht geprägt hatte und weiter zu prägen versuchte. Es waren Bands wie »die Scherben« (so wurden sie genannt), die die offene Arbeit, mit dem für mich stets wichtigen sozial-politisch-emanzipatorischen Ansatz vertonten, der sich inhaltlich immer der Situation anpasste, wenn auch manchmal verspätet. Ich glaube, nie zuvor und seitdem auch nie wieder, hatte Musik eine derartige gesellschaftliche Kraft. Als ich 1971 in die JG kam, war ich ein ziemlich orientierungsloser Typ mit langen Haaren, wenig Bock auf irgendwas Anständiges, aber dafür ordentlichem Bierdurst. Ich fühlte mich unverstanden und ungewollt von der Gesellschaft, und schon gar nicht akzeptiert. An meinem ersten Abend gab es dort eine Gesprächsrunde zum Thema: »Spießer und lange Haare«. Es war ein Gespräch über exakt meine Situation und Position in der Gesellschaft, die mich schwer faszinierte, auch wenn ich noch nicht mitreden konnte. Seit diesem Tag gab es – bis etwa 1990 – keinen offenen Abend mehr ohne mich in der JG. Ich kam dort an, wuchs in die Gruppe hinein und übernahm Verantwortung, weil sie mir übertragen wurde und mich stolz machte. Das prägte mein weiteres Leben. Die offene Arbeit in der Jungen Gemeinde gab mir ein Zuhause, einen Platz, an dem ich bleiben, mich wohlfühlen und entwickeln konnte. Sie war also die Antwort auf eine Frage, die ich ohne diesen Zufall, ohne diesen bärtigen Mann, der uns in der Kneipe ansprach und in die JG lotste, vielleicht nie gestellt hätte: »Wo gehöre ich eigentlich hin?«

In diesen offenen Gesprächskreisen lernte ich viel, zum Beispiel, dass eine einzige Disziplin, ohne die anderen, im richtigen Leben nicht funktionieren kann, und dass Musik und die dazugehörige Kultur wichtige Themen sind, aus denen sich soziales Engagement entwickelt. Plötzlich ging es nicht mehr um mich, sondern um uns. Das war ein Gefühl wie Heimat, nur ohne das dazugehörige Wissen. Ich war ohnehin kein großer Theoretiker, auch wenn meine spätere Ausbildung einen großen Teil dieser Lücke zu schließen vermochte. Spätestens 1972 war mir klar, dass das Land, in dem ich lebte, das, was wir heute Sozialarbeit nennen, von Grund auf nötig hatte. Und dazu wollte ich meinen Teil beitragen.

Die Skinheadkultur haben wir bewusst ausgeblendet. Offene Arbeit bedeutete für mich immer, auch, und gerade weil es mir später auf die Füße fallen sollte: offen für alle. Und offen für alles; zumindest all das, was zum Leben dazugehört. Ich lernte die offene Arbeit in der Kirche kennen, und zwar zu einer Zeit, zu der alles und jeder unter schwerem politischem Druck des DDR-Regimes stand und es nur wenige Plätze gab, an denen überhaupt offen gedacht, offen gesprochen und offen gearbeitet werden durfte bzw. konnte. Nach der Wende sollten wir, mein Freund »Käfer« und ich, die offene Arbeit in Jena entwickeln, womit allerdings die offene Jugendarbeit der alten Bundesländer gemeint war, was ich jedoch erst später so richtig begriff. Ich kam als ABM-Kraft, die man nach der Wende bevorzugt zum Aufbau der Jugendarbeit nutzte, nach Winzerla in ein neu eröffnetes Haus des Jugendamtes. Der Clubleiter freute sich: Endlich einer, der Bier verkaufte! Und der, falls es ein Problem gab, auch noch zuhören konnte – den Zahn zog ich ihm glücklicherweise alsbald! 1991 kam dann durch Angela Merkel das neue Kinder- und Jugendhilfegesetz, welches mir der Amtsleiter mit der Bemerkung in die Hand gab, das sei jetzt unsere neue Bibel. Damit war endlich legitimiert, was wir fast 20 Jahre unter großen Schwierigkeiten und Beargwöhnung taten. Mit diesem Gesetz bekam jeder Jugendliche das Recht auf Förderung seiner Entwicklung und auf Erziehung zu einer eigenverantwortlichen, gleichberechtigten und gemeinschaftsfähigen Persönlichkeit. Fortan gab es verschiedene Jugendliche, die mir über den Weg liefen. Die, die mir nicht oder nur zufällig begegnet waren. Die, deren Freizeit ausgefüllt war, die zu Hause, in Sportvereinen, in Bands, vor dem Rechner oder mit den Eltern wussten, was sie taten. Die Jugendlichen, die mir tatsächlich begegneten, wussten das nicht. Die waren auf der Suche nach Sinn und Orientierung, oder aber hatten das bereits aufgegeben und resigniert. Es waren die, die nichts mehr wollten, schon vor der Schule das erste Bier kippten und ihren Frust – woher auch immer er stammte – an Anderen ausließen. Jugendliche also, die ihr Ding machten und in Ruhe gelassen werden wollten oder Angebote nur annahmen, um ungestört extrem politische Arbeit machen zu können.

Kurzum: Fortan hatte ich mit Jugendlichen zu tun, die mit offener Arbeit nichts am Hut hatten, für die jedoch diese offene Arbeit gedacht war. Damals wie heute galt jedoch: Die Umwelt prägt den Menschen und während wir alles gaben, um zehn Leute aus dem Sumpf zu ziehen, schubste die Gesellschaft in der gleichen Zeit 100 neue hinterher.

Wir arbeiteten damals zielgruppenorientiert und – wie schon gesagt – offen für alle. Das ging eigentlich nie richtig gut und irgendwann waren wir gezwungen zu begreifen, dass mit manchen Gruppen einfach nicht gearbeitet werden konnte und ganz andere Behörden gefragt waren.

Es hieß ja zu Beginn, wenn ich in der JG und drumherum mit den Punks klargekommen war, sollte ich das mit den Glatzen in Winzerla wohl auch hinbekommen. Was dann zu etlichen, teilweise abstrusen Situationen führte, zum Beispiel zu der Geschichte mit dem »Papst«, einem großen kräftigen Typen, der vor der Wende Punk war und sich mit den anderen Punks immer im Rathausgarten traf, um sich die Kante zu geben, und anschließend irgendwem aufs Maul zu hauen. Als ich dann in Winzerla arbeitete, kam eines Tages ein junger Typ, der mir erzählte, dass er im Mühltal in einer Kneipe war, die Rechnung nicht bezahlen konnte und man dann sein Auto als Pfand behielt. Ich fuhr also mit dem Jungen in die Gartenkneipe und sah schon vor der Kneipe zwei riesige Doggen sitzen und wusste: »Die gehörten dem Papst…« In der Kneipe war alles voller Glatzen, die mich als Zecke beschimpften und mir sofort eins auf die Schnauze geben wollten. Ich sagte, ich müsse mit dem Papst sprechen, und noch ehe ich die erste Faust fing, entdeckte dieser mich, freute sich und gab mir – sehr zum Erstaunen der anderen – kurzerhand ein Bier aus. Ratzfatz war die Sache geklärt, ohne Ärger, ohne Blut. Auf der Basis solcher Erlebnisse versuchte ich also fortan (und bewaffnet mit meiner neuen Bibel), offen für alle zu sein, auch für die sogenannten »Scheitelträger«, vor denen sogar die Glatzen Angst hatten.

Zum Verständnis: Glatzen waren Glatzen und prügelten sich gern, am liebsten mit ihren alten Freunden, den Punks. Glatzen waren im Grunde Punks, sowie der Papst, nur ohne Haupthaar und mit nachgeplapperter rechter Gesinnung. Die »Scheitelträger« jedoch, die waren Markenkernfaschos, voller Überzeugung und mit konkreten politischen Zielen. Die waren viel gefährlicher, mit denen konnte man letztlich gar nicht klarkommen, was ich aber erst später wirklich begreifen sollte. Auch wenn heute noch Teile der königlichen Familie etwas anderes und weiteren Unsinn über mich behaupten: Mir ist es damals zumindest gelungen, ein Gegengewicht zu den Faschos zu entwickeln und damit zu verhindern, dass die Rechten Winzerla zu einer befreiten Zone entwickeln konnten.

Und mittendrin die sogenannte Clubmannschaft vom Leiter Torsten K., die mit der Situation völlig überfordert waren. Unter anderen gehörte dazu Rudi, bürgerlich Jean Rudolph. 1991 gab es in der Jugendwerkstatt (einer Einrichtung des Jugendamtes für Jugendliche, die nichts gelernt hatten und eine Grundausbildung in den Bereichen Grünanlagen, Mauern, Elektrik als ABM bekamen) einen jungen Mann namens Rudi. Rudi lernte dort Maurer und war regelmäßig bei Veranstaltungen im Winzerclub. Rudi war damals jemand, den man optisch als Linken bezeichnen könnte: Lange, blonde Haare, Lederjacke, Lederhose. Er kam aber trotz seiner Wirkung mit allen gut klar, auch mit Glatzen wie »Tuffi«, einem Kerl, der im Grunde ganz in Ordnung war und mit dem er sich heute noch manchmal trifft, obwohl der immer noch eine Glatze ist, weil ihm die Skinheadkultur am Herzen liegt. Rudi war eine Art Demokrat, der mit allen Lagern sprach, und eigene, strikte Grenzen hatte. Das

Graffiti von Beate stammte von ihm, bei Malaktionen mit Kindern entstanden auch Hakenkreuze, die waren in Winzerla überall zu sehen. Rudi hatte Talente, er war fast zu schade für einen Maurer. Die Mädels waren zum Beispiel ganz heiß darauf, von ihm massiert zu werden. Es hat Jahre gedauert, ihn davon zu überzeugen, eine Ausbildung als Masseur oder Physiotherapeut zu machen. 1996 hatten wir ihn dann soweit, er ging nach Dessau und begann eine Ausbildung zum Masseur. Er hatte im Grunde nur ein Problem: Er war Legastheniker und konnte sehr schlecht frei sprechen. Als ich den ersten Film über einen Jugendaustausch in der Ukraine machte, sollten einige Jugendliche aus dem Winzerclub Texte einsprechen; auch Rudi. Rudi übte sehr lange, um seinen Text über ein Kinderheim in der Ukraine einsprechen zu können. So lange, dass er ihn beinahe auswendig aufsagen konnte. Es gab verschiedene Aktionen dieser Art, die ihm als Übung dienten, und ich denke, solche Sachen waren wichtig und haben ihm letztlich den Mut gegeben, diese Ausbildung anzutreten. Er ist dann weg und ich habe jahrelang nichts von ihm gehört. An irgendeinem Wochenende 2001 klingelte er plötzlich an meiner Tür. Er hatte eine Flasche Whiskey dabei und wollte sich bei mir bedanken. Er sagte, wenn ich nicht gewesen wäre, hätte er diesen Schritt nie gewagt. Zu dem Zeitpunkt war er als Physiotherapeut in einer Kurklinik auf Sylt angestellt. Wir tranken den Whiskey gemeinsam, machten uns einen schönen Tag und fuhren später mit meiner damaligen Freundin zur Walpurgisnacht auf die Leuchtenburg. Ein paar Jahre danach besuchte ich ihn in Hamburg und Leipzig. In Leipzig sprach er als Trainer frei vor einer Physiotherapielerngruppe, der er Tipps gab, wie man bestimmte Sachen besser hinbekommen könnte.

Die sogenannte Clubmannschaft kam mit uns nicht klar, die Jugendlichen wollten Disco. »Kuli« und ich waren der Meinung, dass sie das selbst umsetzen sollen und wir sie dabei unterstützen. Die

Glatzen verunsicherten sie noch mehr. Also holte ich »Rotzi« (bürgerlich Torsten Seidel) und ließ den Winzerclub besprühen. Die Glatzen waren stinksauer, dass da ein - wie sie es nannten - »Neger« gesprayt wurde. Dabei war nur die Farbe alle und es war nur noch braun übrig. Ich wartete nur darauf, die Bullerei zu holen – war gottseidank nicht nötig. 1996 holte ich ihn wieder, denn er hatte seinen Stil zum Fotorealismus entwickelt und Naomi auf die Vorderseite gezeichnet. Seinen Namen hatte er auch in »Earl« geändert. 1997 ging er nach Dresden und studierte Kunst. Er war aus jeder Ausbildung rausgeflogen, weil er sich nicht anpassen wollte. Ich überredete ihn, seine Zeichnungen, Aquarelle und Kohlezeichnungen nach Dresden zu schicken, wo er auch prompt angenommen wurde. 1998 rief er an, weil er mal wieder Sozialstunden machen musste. Ich schlug ihm vor, ein Wochenende nach Jena zu kommen und meinen VW Bus zu besprühen. Das tat er und ich bestätigte die Ableistung seiner Stunden. Alle waren zufrieden. Heute lebt er als freischaffender Künstler in Berlin.

1998 hatten wir einen Zivi, der war bei der Armee und kam auf den Gedanken, dass Armee scheiße ist. Er machte auf Psycho und schaffte es, nach etwa 3 Monaten zum Zivildienst zu wechseln. Wir hatten eine Stelle frei und er begann seinen Dienst im »Hugo«. Er vertrat die Meinung, dass auch Zivildienst Zwang ist und er verweigerte alle Arbeiten, die wir ihm auftrugen.

Sabine hatte nun die glorreiche Idee, sich beim Zivi-Beauftragten zu beschweren. Ich hatte bemerkt, dass er gut mit Computern umgehen konnte. Also wurde er für die letzten Monate seines Dienstes unser Netzwerkadministrator. Das verschaffte mir Zeit für Einzelfallarbeit. Torsten dokterte leider auch manchmal da herum. Irgendwann führte er viele Gespräche mit einem 14-jährigen Jugendlichen, der ihm erzählte, dass er von seinem Vater missbraucht wurde. Torsten ließ ihn fallen wie eine heiße Kartoffel. Ich versuchte, das zerbrochene Geschirr zu kitten. In Lobeda, einem anderen Randgebiet und Brennpunkt in Jena, gab es zu dieser Zeit auch einen Jugendclub, der Anfang der 90er Jahre verhältnismäßig viel rechtes Publikum hatte. Dort konnten die Sozialarbeiter denen schon eher einiges entgegensetzen und waren mit dieser Gegenwehr auch ganz erfolgreich. Der Chef allerdings ließ Zivis in seinem Haus einen Pool bauen und betonieren, und umgab sich auch sonst ganz gerne mit einer Clubmannschaft, die hauptsächlich ihm zu Diensten waren. Dazu gehörten auch einige dumme Glatzen. Wir hingegen hatten da doch deutlich mehr zu kämpfen und waren gleichzeitig viel schlechter aufgestellt: Unser Clubleiter war ein ehemaliger Hausmeister, der erst gar nicht wusste, was er machen sollte, und schlussendlich irgendwann das Handtuch warf. Daraufhin wurde ich drei Jahre lang kommissarischer Leiter im Winzerclub und benannte ihn als eine der ersten Amtshandlungen um, um der Vergangenheit und den Mythen den Schwanz abzuschneiden. Das klappte allerdings nicht wirklich, denn bis etwa ins Jahr 2000 hinein nervten uns die Faschos richtig und stellten uns immer wieder vor große Herausforderungen. Teilweise haben sie sich umgezogen und sich dadurch unerkannt auf Konzerte geschlichen, nur um drinnen dann die Leute zu bepöbeln und mit »Sieg Heil!«-Rufen in der Ecke oder vor dem »Hugo« zu stehen.

Die zweite Geschichte, die mich lange nicht losgelassen hat: Ich wurde 1999 kommissarischer Leiter des Winzerclubs, nachdem der damalige Leiter Torsten das Handtuch warf. Eine meiner ersten Amtshandlungen war, den Club in »Hugo« umzubenennen, und einen Jugendlichen zu fragen, ob er Lust hätte, seinen Zivildienst bei uns zu absolvieren. Es war der kleine »Nitsch«, ein kleiner Mann vietnamesischen Aussehens, seine Mutter aber war Deutsche.

Er hatte einen Bruder, den großen Nitsch, ein Typ, der mit »White Power« auf den Lippen durchs Wohngebiet marschierte und Leute verprügelte. Irgendwann, als der kleine Nitsch ins Visier von irgendwelchen rechten Idioten geriet und drohte verprügelt zu werden, fing der große Bruder an, den kleinen zu beschützen. Der große Nitsch ist 1993 als Kraftfahrer in die Schweiz gegangen. Als das Bewerbungsgespräch mit dem kleinen Nitsch im Winzerclub stattfand, kam der große Nitsch extra hergefahren, postierte sich vor dem Hugo, weil er Angst hatte, dass die Glatzen, von denen er ja wusste, hier ein- und ausgegangen sind, seinem Bruder etwas tun könnten. Das hatte zu einem Umdenken geführt und mir gezeigt, dass er doch etwas gelernt hatte in der deutlich bunteren Schweiz. Berechtigt waren die Bedenken nicht, denn ich hatte ja eine Einsatzmannschaft, die ganz gerne mal und mit wachsender Begeisterung Glatzen aufs Maul gehauen hat. Der kleine Nitsch hat also dann sein Jahr Zivildienst bei uns im Hugo abgeleistet und uns auf vielen Ebenen, insbesondere bei den Musikerpartys und Hausmeisterarbeiten, aber auch als Einlasser mit unserer Geheimwaffe »Karsch«, dem Glatzenschreck, bereichert.

Mirko Spange lernte ich 1992 im Südviertel kennen. Er lebte da bei einer Freundin, die er regelmäßig verprügelte, bis sie ihn rausschmiss. Dann zog er zu seiner Mutter zurück, oberhalb des Winzerclubs. Er hatte noch einen Bruder, ein »Wabs«, der unter Vielfraß litt, was man ihm auch ansah. Sein Vater war ein stadtbekannter Säufer. Seine Mutter hatte einen Freund, und natürlich ging das mit Mirko schief. Er flog raus und suchte sich eine Bleibe in der Neugasse, in einem Abrisshaus, einer stillgelegten Fabrik. Sein Zimmer verkleidete er mit Matratzen und fand auch eine funktionierende Steckdose, sodass er einen Heizlüfter betreiben konnte. Ich brachte ihm manchmal etwas zu essen. In der Regelschule arbeitete eine ABM-Kraft namens Ulla. Sie wohnte am Wochenende in Nausnitz in einer Mühlen-Kommune. Natürlich lernte sie Mirko irgendwann kennen und er verbrachte auch einige Wochenenden in Nausnitz. An einem dieser Wochenenden brannte sein Heizlüfter sein Abrisshaus ab und die Polizei suchte ihn per Haftbefehl. Er pennte überall und nirgends und verbrachte viel Zeit damit, anderen Kindern von seinen Heldentaten zu erzählen. Das führte zu seiner Verhaftung. Mit Ulla als Zeugin wurde er nicht verknackt. Nun hatte Torsten einen Jugendlichen namens Eisenschmidt aufgetrieben, der regelmäßig an der Bar stand und ebenso viel Bier trank, wie er verkaufte. Nach Feierabend soff er immer mit Mirko in seiner Wohnung. Irgendwann erzählte mir jemand, dass Mirko auf LSD bei Eisenschmidt gelandet ist. Ich machte mich sofort auf den Weg in diese Wohnung, um Schlimmeres zu verhindern. Als ich ankam, hing »Eisen«, blau angelaufen, an Mirkos ausgestreckter Hand. Er hatte begonnen, die Wohnung nach Außerirdischen zu durchsuchen, und Eisen hatte versucht, ihn davon abzuhalten... irgendwie schaffte ich es, die beiden zu trennen. Eisen baggerte im Winzer eine 15-jährige an und machte ihr ein Kind, die daraufhin bei ihm einzog, was die Besuche von Mirko minimierte. Dafür bekamen wir eine neue ABM namens »Jackie«. Es dauerte nicht lange und die beiden landeten im Bett. Torsten bekam das alles nicht mit, er hatte mit seinem eigenen Bierkonsum zu tun. Unser Jugendamtschef verbot ihm irgendwann das Bier, und ab da trank er immer Bier aus einer Eisteeflasche. Noch Fragen?

Trotzdem (oder gerade deshalb) konnte ich viele Konzerte machen, die nicht ganz koscher waren, zum Beispiel zwei Mal in Form der amerikanischen Hardcore-Hiphop Band »Slyce«. Die waren gerade in Deutschland und spielten für 150 D-Mark. Der Sänger war Diabetiker und musste öfter Gras rauchen, natürlich im Büro. Leider übertrieb er etwas, sodass ich ihm Schokolade besorgen musste. Einmal haben sie im Hugo gespielt und einmal Open Air vor der Kaufhalle, zum Ärger der kurzhaarigen Krebskranken.

Es dauerte noch ein paar Jahre, bis ich T. los wurde. 2002 beschwerten sich ein paar Mädchen aus der Clubmannschaft bei mir, dass er sie regelmäßig begrapschte. »Er hat mir an die Brust gegriffen, weil er wissen wollte, wie sich mein Piercing anfühlt«, oder »Er griff mir zwischen die Beine mit der Bemerkung, er sucht seinen Schlüssel« ... Das häufte sich. Käfer und ich befragten ihn und er stritt alles ab. Ich rief eine ehemalige Drummerin an, die von heute auf morgen nicht mehr ins Hugo kam. Sie erzählte mir, dass T. ihr seine Liebe gestanden hatte und sie damit nicht umgehen konnte und nur die Chance hatte, den Proberaum und die Clubmannschaft zu verlassen. Das bestätigte die Aussagen der anderen Mädels. Wir informierten die Amtsleiterin Käthe Brunner: Das war's für ihn im Hugo. Er kam nach Nord in einen Laden von Conny Bartlau und musste dort unter Aufsicht arbeiten. Jetzt wurde die Finanzierin des Hugo, Dr. S. K., als Leiterin eingesetzt. Eine zwanghafte ehemalige Lehrerin, die keinen Plan von der Welt hatte. Sie saß immer wie ein kleines graues Mäuschen vor ihrem Monitor und starrte ihn an. Falls ein Jugendlicher etwas von ihr wollte, war immer ihre Antwort: »Ich habe keine Zeit.« Monatelang musste ich ihr immer wieder neu erklären, wie sie eine Datei auf eine Diskette bekommt. Das Einzige, was sie konnte, war basteln. Danach ließ sie sich die Kinder in Reih und Glied aufstellen und fotografierte sie mit ihren Exponenten. Erst, als die AWO das Hugo übernahm, landete sie im Schullandheim auf dem Forst, wo T. in der Zwischenzeit auch gelandet war. S. war für 4 Wochen die Leiterin, wurde dann aber degradiert, weil der Hausmeister wegen ihr kündigte und der Förster sich weigerte, mit ihr umzugehen. T. wurde ein Jahr später wegen Kindergrapschens entlassen. 1995 holte ich einen Freund aus dem »Kassa« für eine ABM in den Winzerclub; er war schwul und machte einen guten Job an der Bar. Alle Jahre zum Winzergeburtstag holte Torsten immer Stripperinnen, die Mädels aus der Clubmannschaft waren dann stinksauer. 1995 machten wir so viel Druck, dass

Torsten einen Stripper engagierte: Die Mädels waren begeistert. Irgendwann stürmte Wolfram mit den Worten: »Das kann ich besser!« hinter seiner Bar hervor und stahl dem Stripper seine Show. Es gab in Winzerla noch einen zweiten Jugendclub, der »Trend« hieß. Der Winzerlaer Ortsbürgermeister war der Meinung, dass seine Ortsteilrunden im Trend besser laufen, weil der Trend nicht so jugendgemäß aussah wie das Hugo. Also wurde 2004 beschlossen, das Hugo zu schließen und die Mitarbeiter in den Trend umzusiedeln. Da sich der Trend im Parterre einer Schule befand, wo Bands nicht hätten proben, geschweige denn auftreten könnten, mussten wir das verhindern: Ein Klinkenputzen durch Jena begann, und endete in einer öffentlichen Sitzung des Jugendhilfeausschusses. Ich setzte mich nicht auf die Seite der Hugo-Befürworter, sondern mitten in die Trend-Unterstützer. Der Jugendhilfeausschuss entschied zugunsten des Hugo. Der Chef des Stadtrates, Prof. Biewald, sagte den »Trend«-Befürwortern mit erhobenem Zeigefinger: »Sie haben sehr schlechte politische Arbeit geleistet. Drei Monate sinnlose Arbeit nur damit alles beim Alten bleibt. Wir sollten die Prügelstrafe für niederträchtige Politiker wieder einführen!«

Die Geschichte zu diesem Bild beginnt 1984 in der »Meli 6«. In der dritten Etage zog die Familie Diprowenko/Krautz ein. Daniel, der Sohn der Frau Diprowenko, war etwa 10 Jahre alt, sehr verschüchtert, denn er kannte nur Gebrüll und Schläge seines Stiefvaters Krautz, der auch seine Mutter regelmäßig verprügelte. Sie weinte sich bei mir regelmäßig aus, aber trennen wollte sie sich nicht, da sie nicht alleine bleiben wollte.

Krautz war Busfahrer und regelmäßig besoffen. Außerdem war er Stasi-Kontaktperson, mit dem Auftrag, uns zu ärgern. Als ich 1991 das Haus zurückbekam, schrieb ich einen Brief und forderte die Familie auf, sich eine neue Wohnung zu suchen. Das passierte sehr schnell, aber ich musste die restliche Miete einklagen. Sie zogen nach Lobeda-Ost in ein Haus beim Jugendzentrum »Treffpunk«. Dort ging dann Krautz mit Daniel regelmäßig saufen. Daniel ging mit 18 für drei Jahre zur Bundeswehr, heiratete auch gleich, wurde nach einem Jahr unehrenhaft aus der Armee entlassen wegen »Neger-Klatschen« und seine Frau ließ sich scheiden.

Dann tauchte er im Hugo auf, weil er Sozialstunden wegen Körperverletzung machen musste. Zu dieser Zeit ließ ich gerade einen Soccerplatz auf der Freifläche bauen.

Torsten hatte das 1999 schon mal versucht. Räudig! Also ließen wir uns von Hornbach Holz schenken und machten es richtig. Meine Kollegin Sandy hatte das entsprechende Aussehen, um die OBI-Männer zu bezirzen.

Heute ist es viel zu leicht, über die damalige Zeit zu urteilen, aber draußen in Winzerla war es ganz anders als in der Innenstadt. Da draußen gab es kein Aufbäumen der Bevölkerung, keine bunt-bemalten Straßen, wie man sie heute kennt, da war man auf sich gestellt. Und wenn ich die Polizei rief, kamen die, nahmen die größten Idioten mit und ließen sie am nächsten Morgen wieder frei. Das war also verhältnismäßig sinnlos und machte es schwer, nachhaltige Lösungen zu finden. Der ehemalige Hausmeister und Clubleiter versuchte zu seiner Zeit, sozialpädagogische Spielchen zu spielen, was an manchen Orten allein schon reichte, um uns zu Mittätern zu degradieren.

Irgendwann spielten wir regelmäßig Fußball mit Glatzen; was gab es da überall für einen Aufschrei, der König persönlich pöbelte, wir wären blöd und naiv, und das hätte doch ohnehin keinen Zweck. Aber Kuli und ich probierten das aus und stellten alsbald fest: Es hatte wirklich keinen Sinn, aber nur Versuch macht eben klug. (Funfact am Rande: Eine kleine Weile später stand ein Artikel des Königs in der Zeitung, Aufhänger: »Die JG spielt jetzt Fußball mit Glatzen.«)

Für uns da draußen in Winzerla ging es aber irgendwann tatsächlich nicht mehr weiter mit den Extremen. Die kriminelle Energie und die politische Gesinnung waren zu krass und überstiegen unsere Möglichkeiten, dem etwas entgegenzusetzen, deutlich. Ganz liegenlassen konnten und wollten wir trotzdem niemanden, also veränderten wir unsere Strategie und teilten uns noch deutlicher auf: Mein Freund Kuli kümmerte sich um die Jugendlichen aus der linken Szene, ich beschäftigte mich nun ganz konkret mit denen aus der rechten. Auch die Rechten hatten Rechte, auch unter denen gab es Orientierungslose, die ihren Platz noch nicht gefunden hatten, und die wollte ich nicht aufgeben und kampflos den Faschos überlassen, auch wenn mir das nachhaltig hier und da einen merkwürdigen Ruf einbrachte. Der König, der damals ja relativ neu in der Stadt war und als Jugendpfarrer die Führung in der JG übernahm, traf sich zu Beginn – 91' und 92' – noch regelmäßig mit uns, um sich auszutauschen. Irgendwann kam er nicht mehr. Seitdem gibt es nur noch wenige Berührungspunkte, weil er den eigentlichen gemeinsamen Ansatz aus den Augen verlor und sich stattdessen lieber auf irgendwelche Fehden konzentrierte, um sein Königreich auszubauen und zu untermauern. Im Hugo habe ich damals einmal im Monat Konzerte veranstaltet und vielen Bands eine Plattform geboten, damit sie ihrem Gefühl Ausdruck verleihen konnten. Das lockte auch ein ums andere Mal Leute aus der Stadt an, andere Musiker, andere Jugendliche, sodass Winzerla eine Weile kein sich selbst überlassener kleiner Fleck am Stadtrand war. Ich will damit sagen, dass wir auch eine ganze Reihe ziemlich guter, ziemlich gelungener Aktionen auf die Beine stellten. Unter dem

Strich haben wir mit unseren bescheidenen Möglichkeiten keine ganz großen Welten bewegt, dafür – und das war für mich schon immer wichtiger – viele einzelne junge Leute eine ganze Weile auf ihrem Weg begleitet und sie an der Gesellschaft teilhaben lassen. Es ging dabei immer um Partizipation, nicht um Integration. Und immer dann, wenn es uns gelang, Menschen zusammenzubringen, die jeder für sich auf Kriegsfuß mit der Realität standen, bildeten sich sinnvolle Reibungen, die eine oft nachhaltige Entwicklung erst möglich machten. Für mich ganz persönlich kam hinzu, dass ich es schon immer spannend fand, wenn neue Menschen mit ihren ganz eigenen Erfahrungen und Themen zu einer Gruppe hinzukommen; immer dann konnte ich etwas über das Leben lernen. Auch die vielen verschiedenen Szenen faszinierten mich.

Und wenn ich daran denke, dass die offene Arbeit, die heute eigentlich mehr gebraucht wird denn je, noch immer ein Nischendasein fristet, dann sind die vielen bunten Szenen meine kleinen Hoffnungsschimmer am Höllentor, weil sie es inzwischen gelernt haben, sich gegenseitig zu akzeptieren, und uns viel öfter, als für möglich gehalten, vorleben, wie leicht und spannend zugleich es sein kann, Verständnis für Leute zu haben, die anders sind.

Mein Verständnis für Verbrecher allerdings gab es zu keinem Zeitpunkt. 1995 gab es eine Bande, die Schulkinder zwangen, in der Kaufhalle Schnaps zu klauen. Der Bandenchef war ein Glatzkopf mit dem treffenden Namen »Meister Proper«. Ein Vater schützte sein Kind und wurde zusammengeschlagen. Ich nahm Kontakt zum Polizeichef Schnaubert auf. Nichts passierte, also nahm ich die Sache selbst in die Hand. Meister Proper fiel eines Nachts besoffen von seinem Balkon und gab den Löffel ab. Damit war das Problem erledigt. Irgendwann bekamen wir eine europäische Freiwillige aus Portugal, Silvia. Sie war ein Mädchen, das kein Problem damit hatte, mit unseren Jungs barfuß Fußball zu spielen. Sie verliebte sich in unseren Praktikanten Nick. Heute leben beide als Familie in Hamburg. Gerade wenn man bedenkt, dass die klassischen Autoritäten wie Familie, Staat und Kirche, in den 40 Lenzen, in denen ich mich mit sozialer Arbeit beschäftige, noch nie so stark an Einfluss verloren, wie in diesen Jahren. Sie waren längst keine Leitbilder für junge Leute mehr, an ihrer Stelle standen Sekten und die Werbeindustrie. Die Sekten hatten nicht lange Bestand, sie wurden abgelöst durch - wie sagt man heute - »Social Media Influencer«.

Ich glaube, alles das hat nicht lange Bestand und, so wäre meine Hoffnung, dass viele bunte Szenen einfach nebeneinander ihr Ding machen. Was für mich bleibt, ist die Erkenntnis, dass die offene Arbeit mich auffangen konnte, als ich sie am meisten brauchte. Ohne sie wäre ich nicht der, der ich heute bin. Ich würde wahrscheinlich noch immer mit den gleichen abgewrackten Leuten, bei denen nichts mehr im Leben passiert, wenn es nicht gerade irgendwen zum Prügeln gibt, in den gleichen abgewrackten Kneipen sitzen und saufen.

Ich war auch nie ein Intellektueller, der immer intellektueller werden wollte, um die anderen Intellektuellen besser intellektualisieren zu können. Aber der Prollo von damals, der bin ich auch nicht mehr – ohne meine Herkunft verleugnen zu können oder zu wollen. Und so stellt sich nun, da ich nicht mehr leugnen kann und will, dass das Leben wohl nicht mehr allzu viele Tage für mich parat zu haben scheint, natürlich die Frage, was sonst noch hängen geblieben ist aus meinem beruflichen Leben?

In jedem Fall hatte ich unzählige Begegnungen, die mich und meinen Umgang mit Menschen sehr prägten. Auch meine Sicht der Dinge blieb im Fluss und veränderte sich stetig. Was ich erst in der offenen Arbeit begriff: Nichts kann statisch bleiben, was sich vorwärtsentwickeln soll. Ich habe zudem stets versucht, jeden Einzelnen als mündigen Partner zu betrachten und ihm – ganz egal, wie er drauf war – mit Rat und Tat zur Seite zu stehen, ihn also nicht im diakonischen Sinne zu bemuttern, sondern eher als eine Art »gutem Freund« zu begegnen, der da ist, zuhört und mitmacht, und wenn es sein muss, auch mal eine Nacht mitsäuft. Sozialhygiene hin oder her, mir reichte das Wort »Selbstschutz« völlig aus, und dass man stets dazulernen muss, auch so eine alte Erfahrung aus der offenen Arbeit. Ich selbst hätte es als Jugendlicher einfach gut gefunden, wenn jemand für mich und meine Bedürfnisse Partei ergriffen hätte. Genau aus diesem Grund habe ich mich entschieden, diese Lücke für andere, die sich auch nicht verstanden fühlten und keine Lobby hatten, zu schließen. Zum Beispiel öffnete ich ab 1992 jedes Jahr zu Heiligabend und an den Feiertagen den Club, damit auch Jugendliche, die sich zu Hause nicht wohlfühlten, die Chance hatten, ein schönes Weihnachten zu feiern.

Einmal, ich glaube es war 2010, gab es eine ganze Truppe, die an Heiligabend kam, und sich zulaufen ließ. Ein junges Mädchen fragte mich dann, ob ich sie zu ihrem Freund aufs Dorf fahren könnte. Das war mir eigentlich zu heiß; ich rief ihre Mutter an und musste dann hören, dass ihr alles, vor allem ihre Tochter, scheißegal war. Statt dieses Mädchen also einsam durch die Kälte der Nacht zu schicken, fuhr ich sie zu ihrem Freund, der ganz patent und nett war und dafür sorgte, dass dieses Mädchen wenigstens einen schönen Abend hatte. Auf diese Art und Weise versuchte ich immer, wenn etwas war, irgendwie zu vermitteln, um dann eine in meinen Augen vernünftige Lösung herbeizuführen. So auch, als eines Tages ein jugendlicher Punk reinkam und mir gestand, dass er und ein paar andere Scheiße gebaut hatten. Sie kamen wohl gerade aus der JG und durch die Johannisstraße fuhr ein dicker BMW. Aus lauter Dämlichkeit traten sie ein, zwei Mal kräftig an die Stoßstange; drei Jungs rannten weg, der Fahrer hinterher und der Typ, der nun vor mir stand, klaute den Autoschlüssel. Inzwischen hatte er jedoch geschnallt, dass er den Türsteher und Rausschmeißer des »TittyTwister« beklaute und bat mich um Hilfe. Er wusste, ich würde nicht zur Polizei gehen, er konnte sich sicher sein, ich würde das auf meine Art regeln. Ich marschierte also dorthin und konnte mir schon denken, wem der Schlüssel gehörte: Einem Typen, der selbst gern Autos klaute und schon Ärger mit den Bullen hatte, weil sein BMW im Halteverbot stand. Damit war die Geschichte vom Tisch und den Jungs geholfen. Natürlich war das nicht nach dem Prinzip von Recht und Ordnung, aber dafür nach meinem Prinzip der gewaltfreien Kommunikation. Dazu fällt mir ein weiteres Beispiel zum Thema »Umgang mit Jugendlichen und Alkohol« ein, welches hier vielleicht als Beleg meiner Herangehensweise taugt: Korrupter HUGO - heutzutage läuft nix mehr.

Die Wochenenden sind für die Mitarbeiter zur Erholung. Die Chefin kann gut in Katalogen blättern, Chefin spielen und sie hat mir auch für ein paar Filme die Texte gesprochen und Volkslieder geträllert – das war's dann auch schon. 2016 rief sie meine Tochter an und erteilte ihr Hausverbot, auch für ihre Kinder. Was war passiert? Der Vater von Katharinas zweitem Kind Anton (»Smu«) war der neue Beischläfer der Mitarbeiterin S. Diese wollte ihr nicht über den Weg laufen und organisierte über K. das Hausverbot. Mein Chef Schwabe wollte sich nicht mit K. anlegen und somit gab es kein klärendes Gespräch. Beschwerden bei der AWO erbrachten nur, dass außenstehende Personen, wie Ss Mutter, informiert wurden. In alter Stasi-Tradition wurde es nun zu den Akten gelegt.

2013 kam ein Jugendlicher zu mir, der in Jena gestrandet war. Er kam aus Mecklenburg-Vorpommern, hatte eine Ausbildung als Metallarbeiter abgeschlossen, aber keine Zeugnisse bekommen. Das Lehrlingswohnheim hatte ihm gekündigt, weil die Ausbildungsbeihilfe zu spät kam. Also haute er ab und strandete in Jena, bei Streetwork Winzerla. Ich besorgte die Zeugnisse, verschaffte ihm eine Stelle in Burgau und besorgte ihm ein Wohnklo in Winzerla. Irgendwann war wieder einmal alles zu spät, der Lohn kam nicht pünktlich, die ÜAG kam auch nicht aus der Hefe, also fuhr ich mit ihm zur Jenaer Tafel. Da bekam er aber nichts, weil er keine 5 Euro hatte. Im Hugo stand von einer Party noch Kesselgulasch herum. Die Chefin weigerte sich, weil Essen prinzipiell weggeschmissen werden muss. Ich drückte ihm den kompletten Topf in die Hand und fuhr ihn damit in sein Wohnklo. In dieser Zeit musste er einmal zum Arzt, ohne die 5 Euro Anmeldegebühr zu haben. Ich rief meinen Hausarzt an und es klappte. Danach hinterließ er folgende Meinung im Internet:

»Es ist jetzt schon ein paar jahre her seit ich bei ihm in behandlung war. ein in meinen erinnerungen etwas chaotischer mensch, man saß immer sehr lange im wartebereich und grad im winter kams öfters mal vor das die heißung ausviel... ich vermisse das sehr. ich war mitlerweile bei vielen ärzten und bei keinem hab ich mich so geborgen gefühlt wie bei ihm. er hat sich immer zeit genommen und einem zugehört und stand einem auch seelisch beiseite. ich hab ihm so viel zu verdanken. wirklich ein guter mensch und ein guter arzt. Tim Wever«

(Rechtschreibfehler nicht korrigiert)

Ein Mädchen, das jahrelang zu Frau Dr. S.Ks Bastelstunden kam, wurde im Laufe der Jahre immer dicker. Ihre Eltern waren selbstständig und immer arbeiten, hatten keine Zeit für ihre Tochter, und diese fraß den Frust in sich hinein. Nach dem Ende ihrer Schulzeit wollte sie Krankenschwester werden. Sie schickte Bewerbungen quer durch Deutschland und erhielt eine Zusage aus Köln. Also ging sie auf das Arbeitsamt, um eine Ausbildungsbeihilfe zu erhalten, denn ihre Eltern hatten dafür nicht das Geld. Sie kam zu mir, weil das Arbeitsamt sich weigerte, ihre Bewerbungskosten und die Ausbildungsbeihilfe zu bezahlen, mit der Begründung, dass sie für diese Ausbildung nicht geeignet sei. Ich intervenierte – sie bekam ihre Bewerbungskosten, sowie ihre Beihilfe. Das ist viele Jahre her, sie ist nicht nach Jena zurückgekommen. Mein Freund Blase war inzwischen Restaurator im Technischen Museum in Berlin und ich verabredete mich mit ihm zu einer Führung, zu der ich eine Gruppe Jugendlicher aus Jena mitbringen wollte. Das erste, was noch vor der Abfahrt in meinem Bus landete, war eine Kiste Bier. Die meisten hätten ein Fass aufgemacht, das ganze Thema künstlich aufgepustet und den Kasten zurückgelassen, was mit an Sicherheit grenzender Wahrscheinlichkeit dafür gesorgt hätte, dass man sich ab der ersten Rast mit kleinen Schnapsflaschen eindeckt und heimlich die Kante gibt. Ich hingegen nahm es locker und sagte nur flapsig etwas von wegen »Kein Bier vor Mittag« oder so. Ich ahnte aber, dass wir mittags längst in Berlin wären und das war damals für alle ein echtes Erlebnis. Schlussendlich hatten wir jedenfalls den ganzen Tag zu tun, den staunenden Schnabel wieder zuzubekommen, ehe den Jungs am Abend einfiel, dass sie die Kiste ja noch hatten. Es reichte bei keinem für mehr als ein kleines Feierabendbierchen und so fuhren wir am nächsten Tag gut gelaunt mit einer halben Kiste Bier wieder zurück nach Jena. Mit meinen Aufgaben hatte ich stets mehr als genug zu tun und meinem Leben einen Sinn geben können, der mir vielleicht keinen Reichtum und keinen Platz in der Geschichte bescherte, der mich aber mit einem Haufen interessanter Leute an die verrücktesten Orte der Welt führte und mich zurücklässt mit dem guten Gefühl, nicht allzu viel Zeit sinnlos verplempert zu haben. Ich war auch nie ein Typ, dem das Klettern auf der Karriereleiter etwas bedeutete, wohl aber die Akzeptanz derer, mit denen ich arbeiten durfte. Dahingehend kletterte ich glücklicherweise ständig. Vielleicht wollte ich aber auch einfach nicht alt werden und ein Typ fürs Büro war ich schon gleich gar nicht! Ich habe auch nie gehadert, nie an das Ende gedacht, weil ich stets mit vielen jungen Menschen unterwegs war und mich auch dementsprechend fühlte. Doch dann kam dieser Tag im März 2015 und hat mich ungefragt auf einen Schlag um 20 Jahre altern lassen: Ich wachte durch den Wecker auf und war mächtig benebelt. Bei dem Versuch in die Küche zu gehen und die Kaffeemaschine anzumachen, bekam ich nicht eine Kurve ordentlich und merkte schnell, dass irgendwas nicht stimmte. Ich rief meinen Freund Fritz an, sagte ihm, dass es mir beschissen ging und ich nicht auf Arbeit kommen könne. Für ihn klang es schon am Telefon nach Schlaganfall. Er rief die Rettung, die brachte mich ins Krankenhaus, und dort blieb ich dann für ein Vierteljahr. Danach noch einmal so lange in der Reha, und dann hatte mich das Leben zurück - die Hüften hin, Sprache, Geschmack und Gleichgewicht im Arsch, aber ansonsten ging es wieder ganz gut. Ich habe mich tatsächlich auch noch einmal halbwegs hinbekommen und ging sogar noch eine ganze Weile arbeiten. Inzwischen bin ich aber glücklicherweise Rentner, auch wenn ich das Rumliegen nicht lange aushielt, weshalb es seit einer Weile wieder einen Grund gibt, um aufzustehen: Ich arbeite als »Bufti« im von mir einst mitgegründeten Thüringer Archiv für Zeitgeschichte Matthias Domaschk.

Der Schlaganfall war, auch wenn er mich nicht umbrachte, ein regelrechter Bruch in meinem Leben, den ich nicht kommen sah, auf den ich gut hätte verzichten können und der nun dafür sorgt, dass mir vieles am Arsch vorbeigeht, da ich plötzlich begriffen habe, ja begreifen musste, dass nicht alles unendlich ist. Dass alles irgendwann einmal vorbei ist, und mein persönliches »Irgendwann« gar nicht mehr allzu lange auf sich warten lässt. Ich bin mein Leben lang immer Vollgas gefahren, hab mir dabei das Getriebe zerschossen und bekomme für mein Baujahr keine Ersatzteile mehr. Der Kapitalismus hat noch nie gehalten, was die Politiker versprachen. Und nun, da ich beginne mich mit dem Ende zu beschäftigen, bin ich an einem Punkt angekommen, an dem ich vielleicht hätte schon eher sein können, auf den ich aber wohl einfach keinen Bock hatte. Von hier aus betrachtet, ist es viel einfacher, das Wichtige vom Unwichtigen zu unterscheiden. Und wenn ich zurück nach vorn blicke, dann sind es dieselben Dinge, für die wir uns damals den Arsch aufrissen, die heute noch immer nicht stimmen und vermutlich niemals stimmig sein werden: Arbeit, Wohnung, Kohle, Beziehung, Freundschaft und Kultur. Grundbedürfnisse eben. Grundbedürfnisse eines selbstbestimmten Lebens. In diesem Sinne und weil es beinahe immer passend scheint, zum Abschluss noch einmal die Scherben:

»Reißen wir die Mauern ein, die uns trennen, kommt zusammen, Leute, lernt euch kennen. Du bist nicht besser als der neben dir, niemand hat das Recht, Menschen zu regieren. Im Süden, im Osten, im Norden, im Westen, es sind überall dieselben, die uns erpressen, in jeder Stadt und in jedem Land, heißt die Parole von unserem Kampf: Keine Macht für Niemand!«

kapitel 6

Mein letzter Akt als Sozialarbeiter nach 15 Jahren in Winzerla war ein öffentliches Gespräch, organisiert vom Stadtteilbüro. Ich sollte erzählen, wie ich die Dinge so empfunden und erlebt hatte, zudem gab es einige Fragen und Diskussionen, ein runder Abschluss eben. Während das Ganze allmählich ins Laufen kam und eine konstruktive Diskussion aufzukeimen schien, stand ein Mann auf, den ich sofort erkannte, und der Professor an der Fachhochschule war. Es war der Vater von Uwe Mundlos, dessen Sohn Teil des NSU-Trios war. Er warf mir vor, dass sein Uwe nur zu den Rechten gegangen war, weil er sich in unserem Club in Winzerla nicht einfügen durfte und daher regelrecht dazu gezwungen wurde, die Kameradschaft Jena zu gründen. Ein Vorwurf, den ich nicht zum ersten Mal hörte, der aber natürlich schon immer Quatsch war: Uwe war radikal, politisch total überzeugt, eine Art Bilderbuchfascho, der nichts dumm nachquatschte, sondern eine konkrete rechte Ideologie sowie das klare Ziel verfolgte, aus unserem offenen Club seine rechte Basis zu formen, um von dort aus seine Vorstellungen umzusetzen. Und natürlich konnten wir das nicht zulassen, auch wenn der König und die Königskinder das nach wie vor vehement behaupten. Allerdings konnte ich ihn emotional ein Stück weit verstehen, den verzweifelten Vater, der aus meiner Sicht zu Recht in München zum Richter sagte, es wäre unverschämt, dass der Mord an seinem Sohn nicht aufgeklärt werden würde. Ich konnte ihn verstehen, ihn und die Wut und die Verzweiflung, der man sich als Elternteil in einer solchen Lage gegenübersehen musste.

Um so etwas Unbegreifbares, so etwas Unvorstellbares zu verarbeiten, braucht es einen Schuldigen. Und ich verstehe auch, dass die Art des Gerichtsprozesses und insbesondere die Vorgehensweise des Verfassungsschutzes, im Grunde konsequent jeder Aufklärung im Weg zu stehen, nur noch mehr Unverständnis und Wut entfesselten und ein klares Bild verhinderten.

Götzl fragt zur zeitlichen Einordnung der Beziehung Zschäpe - Mundlos und hält eine frühere Aussage von Frau Mundlos vor: 92/93 wurden sie ein Paar. Ich konnte zu der Zeit keine Hinweise auf Beziehungen zur rechten Szene erkennen. Im Gegensatz zu Thomas Grund, »Kaktus«, der früher bei der Stasi war. Zeugin: Der Uwe hat da einen Jugendclub mit aufgebaut, war ordentlich gekleidet. Er hatte schwarz-rot-goldene Hosenträger, das war modern zu der Zeit, ich habe mir gar nichts dabei gedacht. »Kaktus« war da Sozialarbeiter und sprach ein Hausverbot gegen Uwe aus. Uwe sagte: »Da sitzen ältere Männer drin und die jungen Mädchen auf dem Schoß und rauchen und saufen.« Bis 98 hat er nicht geraucht und getrunken, maximal an Silvester ein Glas. Er war ein sportlicher Typ. Ich dachte mir: Wenn [Thomas] Grund merkt, dass die nach rechts abrutschen, muss er sich doch um die kümmern und nicht sie rauswerfen. Es gab in Winzerla noch einen zweiten Jugendclub, »Trend« genannt. Der Winzerlaer Ortsbürgermeister war der Meinung, dass seine Ortsteilrunden im Trend besser laufen, weil der »Trend« nicht so jugendgemäß aussah wie der Hugo. Also

wurde 2004 beschlossen, den Hugo zu schließen und die Mitarbeiter in den »Trend« umzusiedeln. Da sich der »Trend« im Parterre
einer Schule befand, wo Bands nicht hätten proben, geschweige
denn auftreten können, mussten wir das verhindern. Ein Klinkenputzen durch Jena begann. Es endete in einer öffentlichen Sitzung
des Jugendhilfeausschusses. Ich setzte mich nicht auf die Seite der
»Hugo«-Befürworter, sondern mitten in die »Trend«-Unterstützer.
Der Jugendhilfeausschuss entschied zugunsten des »Hugo«. Der
Chef des Stadtrates, Prof. Bewald, sagte mit erhobenem Zeigefinger zu den »Trend«-Befürwortern: »Sie haben sehr schlechte politische Arbeit geleistet. Drei Monate sinnlose Arbeit, nur, damit alles
beim Alten bleibt. Wir sollten die Prügelstrafe für niederträchtige
Politiker wieder einführen!« Trotzdem sind es natürlich schwere
Anschuldigungen mir gegenüber, die nicht zuletzt ja auch der König zum Anlass nahm, um seinen Jüngern zu propagieren, dass es
ohne mich keinen NSU gegeben hätte. Mit beiden braucht man
nicht mehr zu diskutieren, für alle anderen hier in aller Kürze und
ganz in Ruhe mal meine Perspektive auf die Geschehnisse: Bis zur
ersten Nachricht, dass Beate Zschäpe aufgegriffen wurde, haben
wir alle, die die drei aus ihren Jugendtagen kannten, geglaubt, sie
wären irgendwohin abgetaucht, denn genau dabei hatte ihnen die
Polizei ja damals geholfen.

Als die ganze Geschichte aufflog, kochte das Thema sofort in den
Medien hoch, und in gefühlten Augenblicken kamen die Presseleu-
te aus ihren Löchern gekrabbelt. Die Anfragen stapelten sich, doch
ich stellte fest, dass die gar nicht hören wollten, was ich zu erzählen
hatte, sondern einfach das schrieben, was die größte Aufmerksamkeit und verkaufsstärkste Schlagzeile mit sich brachte. Der »Tagesspiegel« veröffentlichte zum Beispiel online einen Artikel, in dem
alle möglichen Zusammenhänge völlig falsch dargestellt waren, Personen und Erzählungen verwechselt wurden und Ähnliches. Denen

habe ich dann mit einem Anwalt gedroht, was zur Folge hatte, dass der Artikel sofort wieder verschwand. Uwe Mundlos' Vater hatte diesen Bericht dennoch gelesen und so entstand der Eindruck, ich hätte denen diesen Quatsch erzählt. Auf mich gekommen sind die Journalisten übrigens nur, da sie in der JG landeten und vom König Dinge wissen wollten, zu denen er nichts sagen konnte. Daraufhin rief seine Hoheit mich an und meinte, ich solle vorbeikommen und meine Sicht schildern. Das tat ich, auch wenn wir ansonsten eine Ewigkeit nichts mehr miteinander zu tun gehabt hatten, und er inzwischen einigen Leuten von unserem alten Kern längst und grundlos Hausverbote in der JG ausgesprochen hatte. Selbst der Sozialdiakon Micha Reisgies und der Jugendwart Jürgen Wollmann mussten dran glauben und verließen Jena.

2011 wurde mein Freund »Hage« 40 Jahre alt. Natürlich wollte er den im Hugo feiern, mit viel Bier und Punkbands. Das haben wir schon Anfang des Jahres abgesprochen. Eine Woche vor der Party rief mich Katharina König an. Ich war gerade in Brandenburg bei einem Filmdreh für den DfB. Sie verlangte von mir, dass die Party mit Hage ausfallen muss, weil in der JG an dem Tag ein Punk Konzert stattfindet, da habe sich der Hugo rauszuhalten. Hage kann ja in der JG feiern. Diese Unverschämtheit machte mich erst mal sprachlos. Aber sie bekam die einzig mögliche Antwort: Die Party im Hugo findet statt. Die Kollekte brachte 400 Euro für die Elterninitiative für die krebskranken Kinder in Jena.

In der JG saßen damals Journalisten vom »Spiegel« und anderen Medien, kurz darauf traf ich mich noch einmal mit der Dame vom »Tagesspiegel« und hatte dann meine Lektion auch schon gelernt. Mir war es zuvor aber wichtig, dass ich meine Meinung dazu sagen konnte, und als alles gesagt war, habe ich folgerichtig auch die Klappe gehalten. Daraus haben mir der König und sein Gefolge dann später gern und oft bei nahezu jeder passenden Gelegenheit einen Strick gedreht: Winzerla wäre damals eine befreite Zone gewesen, und unser Jugendclub hätte bei der Entstehung des NSU eine tragende Rolle gespielt.

Ich schilderte zuvor ja, wie es wirklich war und dass es sogar unsere Aufgabe war, alle – ganz gleich welcher Gesinnung, also auch die Glatzen – von der Straße zu holen und mit ihnen zu arbeiten. Letztendlich sollte jeder, der - damals wie heute – des Königs Texte runterbetet, sich daran erinnern, von welcher Zeit wir hier sprechen! Nämlich vom Anfang der 90er Jahre, als in Rostock-Lichtenhagen unter dem Applaus etlicher »Normalos« Ausländerwohnheime brannten, die Schulhöfe allen Orts mit Bomberjacken übersät waren und etliche Jugendliche im rechten Trend orientierungslos mitschwammen. Die konnten und wollten wir damals nicht einfach alle abstempeln und außen vorlassen, das wäre doch genau das gewesen, was noch viel mehr Jugendliche in die Ecke der Rechten gedrängt hätte! Wir haben alle aufgenommen und wer sich nicht benommen hat, ist rausgeflogen und bekam Hausverbot. Alles andere, was über die offene Arbeit mit diesen Jugendlichen hinaus geht, gehört ins Königreich der Fabeln.

Als später die Trilogie über das NSU-Trio gedreht wurde, fuhr ich mit dem Regisseur Christian Schwochow nachts durch Jena und besuchte ein paar Leute, Aussteiger und so weiter. Die gaben ihm Tipps, wie die Scheitelträger und die Glatzen so unterschiedlich drauf waren, und wie das damals ablief in Jena im Allgemeinen, sowie in Lobeda und Winzerla im Speziellen. Und dann war es auch schon wieder vorbei; die ganze Öffentlichkeit verschwand letztlich so schnell, wie sie kam. Heute werden wir wahrscheinlich ohnehin nicht mehr erfahren, was dort in all den Jahren wirklich passierte. Es ist der Verfassungsschutz, und das sage ich noch immer laut und überall wo es sein muss, ohne den es den NSU nicht gegeben hätte. Die haben die drei immer gedeckt, dafür gibt es hunderte von Anhaltspunkten und aus meiner Sicht auch Beweisen. Natürlich wurden die aktiv unterstützt, anders kann so etwas gar nicht funktionieren. Aber letztlich wird das Ganze wohl im Sande verlaufen, und die Ungereimtheiten werden als merkwürdige Zufälle, wie zum Beispiel die inzwischen sechs Menschen, die noch vor ihrer Aussage vor Gericht ums Leben kamen, ausgelegt werden.

Florian H. verbrannte in seinem Auto auf dem Weg zur Zeugenaussage beim BKA im Fall M. Kiesewetter. Seine Freundin starb zwei Tage später an Zuckerschock. Wenn man es also ganz genau nimmt, ist meine, mir immer mal wieder nachgesagte Verbindung zu dieser ganzen Geschichte, eine vergleichsweise kurze: Als ich in den Winzerclub kam, war Winzerla grau, ein Stadtteil im Umbruch, ein sozialer Brennpunkt, wie man heute sagen würde. Es gab dort verschiedene Gruppen von Jugendlichen und es gab deutlich mehr Gewalt als Perspektiven. Uns war früh klar, dass wir uns, wenn wir dort etwas zum Besseren bewegen wollten, auf Experimente einlassen müssten. Also wurde gemeinsam mit den Jugendlichen der Club aufgebaut und jeder der wollte, konnte mitmachen. Da war auch Uwe Mundlos dabei, auch wenn ich den nie näher kennenlernte, da er sich von Anfang an weigerte, mit uns zu reden. Trotzdem hörte man natürlich von allen Seiten von seiner rechten Gesinnung, die, in Kombination mit unseren Eindrücken von ihm, schnell klarmachte, dass der junge Mann ziemlich auf zack war und durchaus in der Lage, Strukturen zu schaffen. Und das wollten wir nicht, schon gar nicht bei uns. So kam es natürlich schnell zu Konflikten, die dann irgendwann in einem Hausverbot endeten.

Auch Uwe Böhnhardt habe ich nie näher kennengelernt, er war ein paar Jahre jünger als Mundlos und damals nicht mehr als dessen

Adjutant. Als die beiden sich kennenlernten, hatte Uwe Mundlos längst Hausverbot bei uns im Club. Die Hausverbote kamen, als die Rechten immer öfter versuchten, sich im Club breitzumachen, getarnte Konzerte veranstalteten, die sich dann erst währenddessen als das entpuppten, was sie waren, und die wir natürlich nicht wollten. Also wurden sie rausgeschmissen und verbannt und zogen dann – nicht ohne einige Scharmützel noch abzuhalten – irgendwann weiter. Von da an war es unser Job dafür zu sorgen, dass die anderen, die Orientierungslosen, nicht einfach blind hinterherrennen. Der Bruch mit Uwe Mundlos im Speziellen war schon zuvor, im Mai 1992 etwa. Ich habe ihm gesagt, dass ich mit ihm nicht mehr arbeiten möchte, dass es so nicht mehr weiter gehe und er ab sofort keinen Fuß mehr in den Club setzen dürfe. Bis dahin war Beate ein ganz normales junges Mädchen von nebenan, eine Randfigur, ohne politisches Interesse. Die Probleme mit ihr gingen erst los, als sich die Konflikte mit Uwe Mundlos zuspitzten. Etwa ein halbes Jahr zuvor, im Dezember 1991, brachen Beate, ihr Cousin und zwei andere den Club auf und klauten alles, wirklich alles, was nicht niet- und nagelfest war: den Tresor, die Zigaretten aber auch alle Unterhaltungsspiele und so weiter. Ein paar Tage später wurde uns klar, dass sie es waren. Wir erstatteten natürlich Anzeige, wussten jedoch gleichzeitig, würden wir diese aufrecht erhalten, würde sich ein ewig dauerndes Prozedere einstellen und das ganze Zeug würde verschwunden bleiben.

Dann hätten wir nicht einmal mehr etwas, mit dem sich die anderen jungen Leute beschäftigen könnten. Also beschlossen wir einen Täter-Opfer-Ausgleich anzubieten. Uwe Mundlos, der Schmiere stand, sich ansonsten aber komplett rausgehalten hatte, wurde kurzfristig genauso begnadigt wie Beate und ihr Cousin, die ihre Beute zurückbrachten und den Schaden in Raten zurückzahlten. Aber wie gesagt; kurz darauf war es dann ganz vorbei und keiner der drei

Hauptverantwortlichen für diese grausame Mordserie tauchte jemals wieder bei uns auf. Wenn man sich heute hinstellt, wie die königliche Familie es zum Beispiel gern macht, und wettert, dass wir die Glatzen gar nicht erst hätten reinlassen dürfen, dann möchte ich noch einmal zu bedenken geben, dass ich 1991, 92 und auch 93 die rechte Szene nicht als homogen erlebte. Das heißt, dass viele aus Mangel anderer Idole dem Bomberjackentrend hinterherhechelten und mal hier, mal da in all dieses Gerümpel hineinschnupperten; einige kamen plötzlich mit Glatze, andere hatten von heute auf morgen keine mehr. Irgendwann spitzte sich die Situation zu, Gewalt brach immer öfter offen aus und viele Kulturklubs beschlossen, dass niemand mehr mit Glatze oder Bomberjacke überhaupt reinkommen durfte. Sie ignorierten sie einfach. Wir glaubten jedoch, wenn wir so mit Jugendlichen umgehen, dann verlieren wir sie auf jeden Fall. Also probierten wir, die Rädelsführer zu identifizieren und allen anderen lebensbejahende, friedliche Alternativen aufzuzeigen. Wir wollten den Mitläufern beistehen und sie begleiten, um sie vor einem tieferen Einstieg zu bewahren oder ihnen bei einem konkreten Ausstieg zu helfen. Und das war letztlich auch ein essentieller Teil unseres Jobs da draußen in Winzerla. Da zu sein. Gewalt abzubauen. Mitten im Brennpunkt. Natürlich passieren dabei auch Fehler, aber wer nur zu Hause hockt, abwartet und später kritisiert, der ändert die Welt ganz sicher nicht.

kapitel 7

In diesen Tagen, die sich nach Zielgerade anfühlen und in denen ich darüber nachdenke, warum ich bin, wie ich bin, komme ich immer wieder zu dem Schluss, dass alles wohl ganz anders gekommen wäre, wenn man mich damals einfach in Ruhe gelassen hätte. Mich und meine Haare. Mich und meine Musik. Es war das System, der Staat und die Gesellschaft, die mich zu einem Außenseiter degradierten. Schon in der Schule wurde alles, was nicht gewünscht und nicht konform war, mit Gewalt unterdrückt. Und so zog sich das von oben diktiert durch die gesamte Gesellschaft und ging so weit, dass man Anfang der 70er Jahre in Jena nur noch in zwei Kneipen überhaupt bedient wurde, wenn man lange Haare hatte. Was heute unvorstellbar klingt, war damals nur ein Beispiel von etlichen, beinahe unzählbaren Konflikten, die überall auf mich lauerten.

Zu dieser Zeit blieb Außenseitern wie mir, die noch keinen Anschluss, keine Heimat gefunden hatten, nur die Musik. Sie war ein echter Zufluchtsort, sie war sozial, politisch, kritisch, voller versteckter Botschaften und öffnete Welten, dank derer man gerade so viel Hoffnung bekam, wie man zum Überleben brauchte. Mir gab diese Hoffnung der Blues. Gemeinsam mit anderen trampten wir zu Konzerten, träumten von Freiheit und landeten schließlich und wie nahezu alle Systemkritiker über kurz oder lang in der Kirche. Sie war der einzige Schutzraum in der DDR, in dem man kollektiv halbwegs durchatmen konnte und ein herausragender Ort der Musik und Kommunikation.

Für die Kirche war diese Öffnung hin zu einer unterdrückten, knallbunten Jugendkultur keine Kopfgeburt frommer Theoretiker, sondern viel mehr eine Art Reflex auf den Umstand, dass immer mehr Heranwachsende aus dem Zug der Gesellschaft ausstiegen, sich zunehmend verweigerten und aufsässig wurden. Und während man in der Gesellschaft als kleine, nicht ernstzunehmende Randgruppe von Außenseitern galt, verstanden nur die Musik sowie bestimmte Teile der Kirche, dass es sich dabei um ein realitätsblindes Pauschalurteil handelte. Die offene Arbeit, in der diskutiert, gelesen und Musik gehört werden durfte, war sozusagen der Gegenpol zu den Erfahrungen, die ich zuvor gemacht hatte. Das passte auch musikalisch, denn zu jener Zeit experimentierten bereits einige Geistliche mit Gospel, Jazz, Rock und auch Blues, was natürlich einiges an Staub aufwirbelte, und folglich meine Aufmerksamkeit gewann. Hinzu kam, und das war ebenfalls von elementarer Bedeutung, dass innerkirchliche Veranstaltungen nicht den damals üblichen Genehmigungsprozeduren unterlagen. Also fanden allerhand und teilweise legendäre Konzerte in Kirchen und sakralen Räumen statt, unter anderem auch die Festivals in Braunsdorf bei Walter Schilling. Als ich in die JG kam, gab es dort auch eine Band, die mich sofort in ihren Bann zog – »Peaceful Dead«. Deren Konzerte hätte ich gerne auf Band geschnitten, doch fehlte mir dazu ein Tonbandgerät.

Irgendeinem Typen gelang das, doch als ich 1974 endlich ein Monotonband ZK 120 aus Polen ergattern konnte und mir diese legendären Aufnahmen kopieren wollte, waren sie längst verschwunden; der Typ hatte das Band abgeliefert – beim MfS natürlich.

Als der Motor der Band, genannt »Pastor«, wegen Arbeitsbummelei (ein Paragraph aus dem Strafgesetzbuch, der erst 1978 abgeschafft wurde) im Knast landete, war es vorbei mit »Peaceful Dead«. Einige Zeit später entstand eine neue Band im Rahmen der offenen Arbeit – »Airtramp«. Auch langhaarig, auch unangepasst und politisch riskant. Die bauten sich den feuchten, muffigen, aber eben auch gemütlichen Kohlenkeller in der JG als Probenraum aus und spielten fortan bei Werkstätten und Privatpartys groß auf. Über Umwege bekam die Band irgendwann einen Fördervertrag – Papa Staat wollte ja die Jugendkultur nicht untätig dem Klassenfeind überlassen. Mit dem Vertrag gab es auch einen geborgten 12-Kanal-Mixer vom »VEB Vermona«, Rauschpegel Windstärke 8, doch wen störte das damals? So entstanden die ersten Aufnahmen von »Airtramp« in der JG, mit mir hinter den Reglern. Um der Band den religiösen Background zu entziehen, gab es im November 1985 sogar die offizielle Zulassung der Kulturbehörden als Amateurformation. Die Rechnung ging natürlich nicht auf, man trotzte dem Würgegriff der Zensur und spielte weiterhin seine Lieder; dreieinhalb Monate später war die Spielerlaubnis wieder weg, Auftrittsverbot und Ausreiseantrag. Schon war der Großteil der Band im Westen verschwunden.

Der Mixer verschwand natürlich mit, auch wenn ich mir selbstverständlich allergrößte Mühe bei der Suche gab, als der Jugendclubchef in der JG auftauchte und das Ding zurückhaben wollte. In der Zwischenzeit hatte ein Freund einen Kopfhörerverstärker für sechs Kopfhörer in eine Zigarrenkiste gebaut, und so wurde aus der JG Stadtmitte an so manchem Wochenende ein kleines Tonstudio - die Drums in einem Raum, der Rest der Band in einem anderen, und die Instrumente direkt am Mixer hängend. Als damaliger Angestellter des Kreiskirchenamts bekam ich von der Westkirche wegen meines geringen Gehalts eine jährliche Hungerhilfe auf das Konto meines Freundes Blase in Westberlin gezahlt. Damit konnten nach und nach ein paar unerlässliche Teile (wie ein Kassettendeck), angeschafft werden, sodass die Aufnahmen allmählich ganz passabel klangen. Die Nachfolge von »Airtramp« trat eine Punk-Formation an, die Iros trugen; »Sperma Combo« war ihr selbstgewählter Name. Die Musik war schräg, die Töne stimmten fast nie, und die Proben waren letztlich nur Saufgelage. 1987 tauchte eine Band aus Saalfeld auf, die »Gefahrenzone« hieß. Die hatten ein paar Hits und wollten diese auch auf Kassette haben. Also bauten wir freitags auf, löteten allerhand zusammen und hielten einen kleinen Soundcheck ab, bevor es am Samstagmorgen losgehen sollte. Es ging auch los, dauerte aber Stunden, bis ein Lied aufgenommen war, da man nach jedem Verspieler wieder von vorn beginnen musste. Danach folgten noch ein paar Nächte, in denen ich saß und ein Mastertape aus diesen Aufnahmen zauberte. Da natürlich inzwischen auch andere Leute die aufgenommenen Sachen hören wollten, hatte ich längst damit begonnen, Mastertapes zu kopieren. Außerdem habe ich mir einen Kassettenrecorder aus dem Westen besorgt, mit dem man in doppelter Geschwindigkeit kopieren konnte. Das Problem war allerdings, dass eine normale Kassette im Osten 20 Mark kostete, ein Haufen Kohle für einen Jugendlichen. Also griff ich zurück auf die Bastelsets, mit denen man alle Einzelteile für zwei Kassetten in einer Plastiktüte für 20 Mark bekam. Nächtelang schraubte ich Kassetten zusammen mit dem Vorteil, sie später mit 10 Mark Gewinn verkaufen zu können. Der Erlös verbesserte die Technik: 1988 trieb ich in einem An- und Verkauf in Rostock einen selbstgebauten Aphex, ein Hochtongenerator, für 1.800 Mark auf; das Teil war eine echte Errungenschaft! Gut ausgerüstet fuhr ich zu den Kirchentagen mit einem Rucksack voller Kassetten, baute einen Stand auf und konnte die Minuten zählen, bis alles ausverkauft war. Es reichte nie und einige gingen immer wieder leer aus. Kurz darauf kam ich dann auf die Idee, Bestellzettel auszuteilen und den Leuten Nachnahmesendungen zu schicken. Inzwischen bastelte ich sogar die Kassettencover selber: Fotolabor auf meinem Dachboden, Fotoapparat immer parat und »Duosan Rapid« als Kleber zur Hand, den manche auch gern schnüffelten. Mehr brauchte ich nicht. In weiteren Nächten entstanden so auch die innenliegenden »ORWO« Pappcover. Natürlich sprach sich all das schnell herum und so kamen immer mehr Bands auf mich zu: Die »Fantastischen Frisöre« aus Eisenach, »Ulrike am Nagel« aus Hermsdorf, »Kalabatek Exzek« mit Tom und Reimo von »Antitrott« und Tatjana von der »Firma« aus Berlin. Insgesamt war ich letztlich verantwortlich für 22 Kassetten von 15 verschiedenen Bands. Und den verschollenen Mixer, den schenkte ich dann 1991 dem Jugendclub in Cumbach, wo er bei einem Glatzenüberfall kurze Zeit später zerstört wurde.

In sehr kurzer Zeit entwickelte sich das Ganze durch die Arbeit mit den verschiedenen Bands, gerade auch durch die Herstellung und Verbreitung der Aufnahmen, zu einem kulturschaffenden Faktor innerhalb der eng begrenzten Szenen. Und ganz besonders »Peaceful Dead«, »Airtramp« und »Gefahrenzone« sind wohl heute die markanten Belege dafür, dass die Musik als Bindemittel in der offenen Arbeit ganz hervorragend funktionierte.

 Das waren letztlich die subkulturellen Antworten auf die prägenden Lebensgeschichten und Erfahrungen junger Leute in der DDR. Eine Art Gegenkultur gegen die von oben verordnete Scheiße. Es war Überlebenshilfe und Protest zugleich, und natürlich auch ein großer Spaß, der mit »Hinterhofproductions« eine kleine, kohlrabenschwarze Dachmarke fand, unter der auch meine zweite große Leidenschaft – das Filmen – lief.

Auch wenn ich Open Airs veranstaltete war immer auch eine Kamera am Start, und es gab kurze Clips auf YouTube, zum Beispiel beim Punk Openair in Winzerla Spielplatz Schrödinger Straße oder beim Electro/Industriel mit »On Frida« und »Chinese Black« auf dem Sportplatz Lommerweg, zur Unfreude der Kleingärtner, die wie Gartenzwerge schimpften. Sorry, Jugend hat Vorfahrt an Wochenenden!

1993 wurde ich von Stefan gefragt, ob ich ihm meinen Bus borgen würde. Das wollte ich natürlich nicht. Also fuhr ich »Verge on Reason« zu einer Konzertreihe in besetzte Häuser in Italien. Kaum über die Grenze wurden wir von der Bullerei gestoppt, und sie nahmen den gesamten Bus auseinander. Nach zwei Stunden durften wir weiterfahren. In Italien gab es interessante, aber leider vegane Menschen, bei denen auch der Espresso mit Sojamilch nicht schmeckte. Beim letzten Konzert fingen die Besucher an, sich gegenseitig aufs Maul zu hauen. Wir verzogen uns auf den Dachboden zum Pennen. Es blieb bei einem Versuch. Ein blöder Hund tobte über die Betten, ein paar fingen lautstark an, herumzurübeln und dazwischen immer der blöde Hund und schnarchen und keuchen. Also fuhren wir nachts zurück nach Deutschland.

Ein Jahr später begleitete ich die Band zu einer selbstorganisierten Tour durch Malaysia. 95 % Luftfeuchtigkeit und 35 ° C im Schatten; bei den Konzerten ohne Fenster waren es bis zu 45 ° C. Es war eine geile Zeit. Beim letzten Konzert in Kuala Lumpur stürzte ich rückwärts ab, zwei Meter auf eine Treppe. Im Krankenhaus bekam ich Pillen, die den Schmerz verjagten und mich bunte Kringel sehen ließen. Am nächsten Tag flog ich zurück und verbrachte die nächsten Wochen sitzend auf dem Sofa oder sitzend am Schneideplatz. Als der Film fertig war, konnte ich wieder liegen. 1996 kamen wir auf die Idee, Silvester in Barcelona zu verbringen. Ein typisch spanischer Anarchist nahm uns für eine Woche in seine Wohnung auf.

Wir kamen am 25. Dezember gegen 7 Uhr an und führen erst einmal zum Strand. 18 ° C und Sonnenaufgang... Die nächsten Tage verbrachten wir damit, Cafés und Tapasbars auszuprobieren, und natürlich die Sagrada Familia zu erklimmen und nebenbei viele Gaudíhäuser anzuschauen. Silvester fuhren wir zu einer Party auf einem Berg außerhalb Barcelonas. Wir mussten ihn im Schneegestöber erklimmen. Es erwartete uns eine kleine Steinhütte mir drei Etagen. Die Türen waren etwa 1,65 Meter hoch. Es gab einen Kessel Paella aus Gemüse mit Knochen, Knorpel und Fleisch, unser Whiskey schmeckte besser. Wir verkrochen uns auf den Dachboden und versuchten etwas zu schlafen, was schwierig war, bei dem Gerumpel und Geschnarche. Bei Sonnenaufgang machten wir uns an den Abstieg, der Schnee war fast weg. Auf jeden Fall eine interessante Erfahrung. 2008 war ich, wie alle zwei Jahre, mit einer Gruppe Jugendlicher in Wladimir. Darunter waren auch Jugendliche aus der Bewegungsküche. Beim obligatorischen Suzdalwochenende, die Gruppe war gerade trainieren, erreichte mich die Botschaft, dass Anton, der Chef der »Suzdal Motors Rocker«, mich gerne treffen würde. Er fragte mich, ob ich nicht eine Band kennen würde, die beim Festival in Suzdal spielen würde. Natürlich hatte ich eine und sagte für 2010 zu. Als ich schon wieder bei der Probe war, erschien Anton nochmals und überreichte mir einen »Suzdal Motors«-Aufnäher. Wie alle Ausländer mussten wir uns anmelden. Leider waren in der Post gerade alle Mitarbeiterinnen mit ihren Fingernägeln beschäftigt, sodass wir noch zur Hauptpost gehen mussten. Da der Drucker defekt war, hatten wir alle Formulare in doppelter Ausführung mit Kugelschreiber ausgefüllt.

Als 2010 »Green Melön« in Suzdal spielen sollte, war ich leider mit der Bewegungsküche in Frankreich. »Sayndy« versprach mir, die Band zum Flughafen zu kutschieren. Gewagtes Unterfangen, denn ich hatte die Zusage, dass sie in Moskau abgeholt werden. Ich vertraute und gewann. In dieser Zeit tobten gerade Waldbrände und Suzdal war total verraucht. Aber es war ein totaler Erfolg, da die Band vor dem Headliner »Aria« spielen durfte.

Noch ein paar Worte zu Frankreich: Es war von Torsten Wodner aus Leipzig gut vorbereitet. Leider waren zwei Querköpfe dabei. Beim Essen beschwerten sie sich, dass Torsten sich privat etwas anderes bestellte, als für die Gruppe vorgesehen war. In Frankreich haben die Bäcker montags zu. Also hatte Torsten vorgesorgt: Am Montag waren die Querköppe entsetzt und beleidigt, dass es zum Frühstück keine frischen Baguettes gab.

Mein erster richtiger Super-8-Film sollte 1987 beim sogenannten Kirchentag gezeigt werden, und zum darauf stattfindenden offiziellen Kirchentag auch in einer richtig großen Kirche. Ich hatte Schiss, dass das Ganze nichts wird, denn eine Woche vorher stand einer dieser typischen Stasi-Lada auffällig unauffällig in meiner Straße. Nun war eine List vonnöten, und so bin ich mit meinem Moped, einem Rucksack und meinem grünen Parka mit Kapuze zu einem Freund gefahren. Dort wartete schon der Stadtjugendpfarrer Uli Kasparik. Ich verstaute die Projektoren, gab dem Jugendpfarrer meine Jacke und mein Moped, und er machte sich an meiner Stelle auf den Weg – der Lada natürlich hinterher. Mein Freund fuhr mich dann unbeschadet wie unbeobachtet nach Berlin. Der dazu passende Aktenvermerk, den ich später in meiner Stasi-Akte fand, zeigte, dass sie erst ziemlich spät kapierten, welch einfachem Täuschungsmanöver sie aufgesessen waren. In Berlin angekommen, hatte man eine Kamera besorgt, sodass ich meine Filme an die Wand werfen und von dieser abfilmen konnte. Ein bisschen umständlich vielleicht, aber anders waren Kopien für uns nicht zu machen. Anschließend wurde dafür gesorgt, dass irgendein Diplomat das Teil mit nach Westberlin nahm, um den Streifen auf dem Super-8-Festival zu präsentieren. In diesem Film ging es um Jugendkultur und offene Arbeit. Ich zeigte eineinhalb Stunden lang eine ganze Reihe von jungen Leuten, die über ihre Jugend in der DDR sprachen. Kochend heißes Material sozusagen. Die Stasi hatte natürlich etwas dagegen und letztlich dafür gesorgt, dass mein Film noch vor dem Zeigen im Archiv des Kinos spurlos verschwand. Später bin ich durch die DDR gefahren, zu Kirchengemeinden und so weiter, um dort meine Filme zu zeigen. Unter anderem bei einem weiteren Kirchentag vor 2000 Leuten lief der verschollene Film dann doch noch, dank meiner Kopie. Die Kirche tat sich schwer mit dem lokkeren Jugendleben, und so sorgte diese Dokumentation letztlich für viele wichtige Gespräche und Diskussionen. Das war echte Pionierarbeit, würde man heute sagen; für mich war es einfach total spannend.

Auf diese Art und Weise entstand schließlich über die Jahre und Jahrzehnte hinweg eine ganze Reihe von Filmen, die meinem Versuch das Lebensgefühl verschiedener Szenen einzufangen und zu transportieren, gerecht wurde. Irgendwann hatte ich mal 25 Terrabyte voll mit Filmen und Filmschnipseln, alles, was sich im Laufe der Zeit so ansammelte. Zwölf sind noch da, den Rest habe ich irgendwann weggehauen. Was wirklich Wert hatte, ist zigfach gespeichert, kopiert und auf irgendeine Art und Weise im Netz oder sonst wo veröffentlicht. Zum Beispiel die Symbiose meiner beiden Leidenschaften: Wir sind die deutsche Jugend – Jugendkultur & Szene. Gemeinsam mit Matthias Körting hatten wir uns zwischen 1996 und 1997 die Punk-, die HipHop-, die Darkwave-, die Hardcore-, die Electro / Industrial-, die Techno- und die Metalszene angesehen, zu jeder Szene einen Film gemacht und unsere Erkenntnisse und Beobachtungen zudem in einem kleinen Buch zusammengefasst, mit einer musikalischen Weltkarte, die den Versuch einging, die Geschichte der verschiedenen Musikstile, also was wo welchen Stil beeinflusst hat, mal zu ergründen. Mindestens zu dieser Zeit etwas ziemlich Einmaliges. Lange produzierte und filmte ich zudem auch Dokumentationen für den Demokratischen Frauenbund in Cottbus und kam so, aber auch mit den verschiedenen Bands, richtig viel herum in der Weltgeschichte. Mit einer Band war ich zum Beispiel in Malaysia, auch eine dieser irren Geschichten, an die ich gern zurückdenke. Dafür, dass ich also kein großer Urlaubsfreund war, habe ich es dann doch zu einigen Stempeln im Pass gebracht. Zwei Veranstaltungen, die mir ganz besonders am Herzen lagen, waren die Musikerpartys im Hugo, der zweijährige Nachwuchsbandwettbewerb seit 1995 und die jährlichen Jugendaustauschprojekte mit Wladimir in Russland. Als ich 1994 das erste Mal mit einer Gruppe Jugendlicher in Wladimir war, war auch ein Substituierter dabei, für den ich das Methadon schmuggeln musste. Als wir ankamen, musste ich feststellen, dass die russischen Teilnehmerinnen entsetzt waren. Tätowierte waren nur Knastbrüder und keine normalen Menschen. Die nächsten Tage verbrachten sie damit, sich mit mir fotografieren zu lassen, ich war wohl doch kein Knastbruder für sie.

Wir waren bei Gasteltern untergebracht; meiner hieß Boris, der in einer Parterrewohnung bei seiner Mutter lebte, die gerade im Krankenhaus lag.

Er studierte Musik im Konservatorium. In der ersten Nacht sagte er: »Du darfst nicht das Fenster öffnen, nur die Tür zum Flur!« Ich verstand es erst am nächsten Tag: Eine Gruppe Betrunkener stand vor dem Haus; sie umringten mich gleich, bewunderten meine Tattoos, zeigten mir ihre verblassten Knast-Tattoos. Es gab eine

Flasche lauwarmen Wodka Fusel, ich spendierte Westzigaretten. Zum Abschied gab es Umarmungen. In dieser Nacht habe ich das Fenster geöffnet, weil klar war, ich bin jetzt ihr deutscher Freund.

Die nächsten Abende gab es immer viel Wodka, mit Boris und seinen Freunden. Ich gab mir Mühe zu gewinnen. Am letzten Abend war ich Sieger und ich musste am Morgen Boris wachrütteln, der rief mir eine Taxe, die mich zum Flugplatz brachte. Zurück schmuggelte ich russische Westzigaretten für 50 Pfennig die Schachtel.

Bei einer Wanderung fragte mich ein russischer Arzt, was meine Rückentattoos bedeuteten. Unsere Dolmetscherin übersetzte ihm die Bedeutung nach Freud: »Der Stier ist mein Ich, der durch die Mauer des Überich, über die tosenden Fluten von Lava des Unbewussten springt!« Er lächelte und sagte: »Ich weiß, was das bedeutet: Anarchie.« Da hatte er wohl Recht. Natürlich habe ich darüber auch Filme gemacht, musste ja immer betteln, die Projekte weiterführen zu können.

Der Film als Medium lehrte mich vieles, zum Beispiel auch auf eigenartige Weise, dass man sich immer zweimal im Leben sieht: Immer mal wieder wurde ich, der ja sonst immer hinter der Kamera stand, für verschiedene Filmprojekte angefragt, unter anderem auch zum Thema »Opposition in der DDR«. Es ging also gerade um verschiedene Stasi-Geschichten, als ich von Würbach berichtete und vor laufender Kamera erzählte, dass ich es unverschämt fände, dass so ein Typ wie er, nach der Wende, im Stadtarchiv arbeiten dürfe. Kurzerhand beschloss, die Redaktion des schwedischen Filmteams dorthin zu fahren, und ihn mit meiner Geschichte zu konfrontieren. Da ich schon immer gern provozierte, willigte ich ein. Würbach kam tatsächlich aus der Tür, der Journalist fragte ihn, ob er mich kennen würde und wenn ja, woher. Die erste Frage bejahte er, bei der zweiten zuckte er nur mit den Schultern und verschwand. Er hatte einfach nicht damit gerechnet, dass ich mich outen würde und ihn damit auch als meinen Führungsoffizier. Am Tag darauf erschien er nicht mehr auf der Arbeit. Er war abgehauen aus Jena, seine Karriere war damit ohnehin zu Ende und man munkelte, er wäre irgendwo weit weg bei einer Versicherung gelandet, wie so viele nach der Wende, die sich auskannten mit dem Geschäft mit der Angst.

kapitel 8

Seit ich darüber nachdenke, woher ich komme, habe ich eine leise Ahnung, wohin mich mein Weg führt. Das ist so ein Spruch, den man gern sagt, wenn man denkt, aus der Geschichte etwas gelernt zu haben. Meine Lehre ist, dass ich viele Fehler gemacht habe. Manche Fehler erscheinen mir erst im Nachhinein als solche; manchmal ist auch schwer einzuschätzen, was richtig und was falsch war. Beruflich, gerade im Umgang mit den Leuten da draußen in der Sozialarbeit, würde ich heute einiges vielleicht anders machen. Manches ganz sicher sogar.

Ich hatte zum Beispiel immer einen Krisenhelferhefter im Büro stehen. Das war ein ganz normaler Hefter, nur mit einer Flasche Schnaps und sechs Gläsern, statt irgendwelcher Unterlagen. Den brauchte ich meistens dann, wenn Klienten auf Haschisch waren, und munter werden mussten oder Leute, die auf Speed waren oder so, ganz gezielt also. Oder halt als Absacker nach einer Party, das hatte etwas Verbrüderndes, was ich damals sehr gut fand; zumal ich mit Berufstrinkern immer bestens zurechtkam. Diese Verbrüderung mit manchen Klienten hätte nicht sein müssen, und nicht sein dürfen. Ab und an fiel es mir schwer, die nötige Distanz zu wahren, was ich durch noch mehr Treffen und noch mehr Gespräche auszugleichen versuchte. Ich bereue auch, dass ich ein paar Jahre lang viel zu viel trank, und generell eine Menge Glück hatte, das mich der Alkohol nicht bezwingen konnte. Besonders 1981 und 1982 gab es beinahe keinen Tag ohne Schnaps.

An einem dieser betrunkenen Tage im Juni 1981 war es ziemlich warm und ich wollte zum Skat, mit Dackel und Jörg Bernuth. Der wohnte 150 Meter weiter und war kein Kostverächter. Wir trafen uns, kloppten ein paar Runden und tranken den Wein aus, den Jörg besorgt hatte. Dann ging ich mit 50 Mark in den Konsum, holte eine Flasche »Grünen Veltliner«, die vier Mark kostete, und bekam 96 Mark zurück. Vor lauter Glück kaufte ich kurz darauf noch einige Flaschen und wir hörten erst auf, als wir auch den allerletzten Schluck vernichtet hatten. Danach kamen wir auf die Idee noch zu mir zu gehen und uns im Hof mit noch ein paar anderen Freunden zu treffen. Ich hatte damals immer Weinballons am Blubbern, 25 Liter pro Stück, auch davon machten wir noch einen leer! Am Abend war ich so voll, dass ich mich hinlegte und bis zum nächsten Morgen durchschlief. Leider hatte ich nicht bemerkt, dass in der Nacht ein anderer Freund auf dem Dachboden versuchte, sich zu vergasen. Es war reiner Zufall, dass seine Freundin ihn fand, bevor er sein Ziel erreichte. So waren wir manchmal. Wir gaben uns ganz bewusst die Kante, zum Spaß. Wenn, dann richtig sozusagen. Das war letztlich auch eine Art von Betäubung, wenn man den Schmerz nicht mehr aushalten konnte. Und, es war mir eine Lehre! Seitdem achtete ich darauf, oft peinlichst genau, dass ich solche Abende so überlebe, dass ich wenigstens noch in der Lage war, munter zu werden, falls etwas passiert.

Eine Geschichte muss ich noch loswerden. Es war 1979 und ich stand freitags immer im »F-Haus« an der Theke, da war es nicht so weit zum Bier. Irgendwann ging ich mit Anette Luge (Lugi) nach Hause und sie verbrachte sehr viel Zeit damit, mir Küssen beizubringen. Das ging wunderbar über den Sommer. Im Herbst trank ich an einem Freitag mit ein paar Freunden viel Bier. Als alle gegangen waren, saß nur noch Ria herum, sie wartete auf ihre Ausreise nach Westberlin zum Vater ihres Kindes Timmy. Sie sagte: »Gehen wir jetzt bumsen oder soll ich abhauen?« - es kam, was kommen musste... Sie war die heißeste Frau, die ich je kennenlernte. Drei Wochen später habe ich sie nach Berlin gebracht. Lugi fand das nicht toll und Silvester, auf dem Marktplatz, brüllte sie: »Kaktus, du Schwein, ich hasse dich!« Sorry Lugi, tut mir leid. 1991 lerne ich Sabine kennen, die mich anblinzelte. Da sie aber erst 17 war, habe ich daran keinen Gedanken verschwendet. 1993 wurde ich schwach und wir landeten in meinem Hochbett. Das Denken habe ich ausgeblendet. Sie half mir beim Umzug mit Käfer in die »Meli 6«. Trotzdem spielte ihr Alter immer eine Rolle. Sie hatte eine Schwester, die gerade als Au Pair aus Frankreich zurück war und einen Job suchte. Also wurde sie ABW für Kinderarbeit im Winzerclub. Zusammen mit Sabine trat sie öfter als Bauchtänzerin auf. Über Silvester fuhren wir zusammen nach Rom. Losfahren, irgendwo parken, eine billige Pension finden – das funktionierte gut. Es waren 10 Grad und Sonne und wir grunzelten zusammen durch Rom, besichtigten das Kolosseum, die Katakomben, Pilgerpfade und irgendwann streikten meine Knöchel, sodass ich kürzer treten musste.

Silvester wollten wir noch in Rom verbringen. Als die Knallerei losging, gingen auch hunderte Alarmanlagen los und Tauben fielen vom Himmel wie Schnee. Kurzfristig entschieden wir, zurückzufahren, was wir auch taten. Leider hatten wir kein Geld mehr für die Maut. Wir blieben stehen, bis die Schranke hoch ging. Wir fuhren aus der Sonne in den Schnee zurück. Im Sommer darauf fuhren wir mit Blase und ein paar Berlinern zum Segeln auf dem Ijsselmeer in Holland. Auf der Rückfahrt stieg in Dessau der Motor meines Passats aus – eine Woche Mietwagen.

Seit Sabine meinen Passat von »Rotzi« hatte besprayen lassen, war er mir ans Herz gewachsen. Als er wieder fuhr, gingen wir Steine sammeln, denn ich wollte eine Natursteinmauer in meinem Hof bauen. Zwischendurch organisierte sie sich eine kleine Wohnung im Südviertel und legte sich ein Haustier zu: Einen Chinchilla. Ansonsten passierte nicht mehr viel. 1994 Sommer fuhr sie eine Woche in die Türkei. Es kam, wie es kommen musste: Sie verliebte sich in einen Türken, der 20 Jahre jünger war, als ich. Somit hatte sich das erledigt.

Mit Christine habe ich es geschafft, vier Jahre in einer Beziehung zu überleben. Es war 1999, ich saß vor meinem Fernseher und es klingelte. Draußen stand mein Freund Käfer und Christine. »Kaktus, die Christine hat zu viel getrunken und muss ihr Auto stehen lassen, kann sie bei dir übernachten?« Sorry, am Anfang wollte ich mich auf nichts einlassen. Es war wie immer kompliziert. Sie hatte einen zweijährigen Sohn, Wolfi, sein Vater, der ehemalige Gitarrist der »Vereinigten Chaoten« (1988), natürlich geschieden. Christine war Künstlerin, ihre Band hieß »Anima Lunatis« und sie hat 1998 den Hugo mit Airbrush gestaltet. Zu dieser Zeit hatte sie eine Beziehung mit »Ringo«, dem zweiten Drummer von »Airtramp« (Jena ist ein Dorf), von dem sie sich trennte, weil er ihr keinen Raum ließ. Aber er stalkte sie seit der Trennung. Christine entfernte ihn 1999 aus ihrer Winzerlaer Neubauwohnung. Petra zog um die Ecke und Christine zog in ihre Wohnung ein. Ich übernahm einen Teil der

Miete und glaubte, dass es so funktionieren könnte. Sie hielt sich mit Gelegenheitsjobs über Wasser und jedes Jahr finanzierte ich einen Urlaub, der uns in einige Länder brachte. Da sie aus ihrer ersten Ehe noch einen Sohn (Felix) hatte, kam der auch mit. Also, Christine, Felix, Wolfi und natürlich mein Sohn Konrad. Wir fuhren mit meinem T4 nach Venedig und dann mit der Fähre nach Korfu und dann schlugen wir die Zelte auf, wo es uns gefallen hat. Aus dem Hugo hatte ich ein Schlauchboot mit, und wir fuhren an einem Tag zu einer kleinen Insel und hätten es durch eine ungünstige Strömung fast nicht zurückgeschafft. Natürlich war das Orakel von Delphi eine Pflichtveranstaltung, denn Christine hatte ein Faible dafür. In Tschechien machten wir auch ein Jahr später gemeinsam mit allen Kindern eine Woche Urlaub. In einem anderen Jahr baute ich ein Bett in meinen Bus und wie fuhren alleine über Österreich nach Kroatien. Als ich 2004 nach Malaysia mit »Verge on Reason« fuhr, und zurückkam, verabschiedete sich Christine aus der Beziehung. Jetzt ist sie verheiratet, hat noch eine Tochter bekommen, und ich glaube, es war das Beste für sie. Wolfi, der 2008 als Punk bei einer Musikerparty auftauchte, erklärte beim Rauchen: »Das ist der, der mal mit meiner Mutter gefickt hat...« In der Zwischenzeit ist er Schauspieler und Tontechniker geworden und es macht mir Spaß, ihn auf Facebook zu treffen. Sie hat übrigens auch meine Tattoos entworfen und ich habe Monate im Studio zugebracht. Das »Red Bone«-Studio gehörte einem Rocker, und die zwei Hacker waren ein ehemaliger Punk aus Weimar, den ich von Konzerten in der JG kannte, und ein ehemaliger »Rechter«, der, wenn ich gehackt wurde, auch mal zu »linker« Musik im Studio herumtanzte.

Nach meinem Schlaganfall 2015 haute ich aus der Klinik ab, weil ich Konrad mit seiner Band auf dem Jahnplatz sehen wollte. Da stand der rum und ich frage ihn: »Hättest du dir vor 30 Jahren vorstellen können, auf so einer Zeckenparty rumzustehen?« Er lächelte. Oder

Molly, ich ging im Sommer 1980 mit einer Gruppe wandern, Molly und ihr Freund Uwe waren auch dabei, bei ihnen knisterte es im Gebälk ihrer Beziehung und irgendwann redete sie nur noch mit mir. Wir liefen irgendwann in der Meli ein und es gab ordentlich Wein. Uwe ging ins Gästezimmer schlafen, und Molly landete natürlich im Hochbett mit mir. Am nächsten Morgen war Uwe weg und nach drei bis vier Monaten knisterte es auch in meinem Gebälk und ich empfahl ihr, auf dem Dachboden ein Zimmer zu nutzen, wo ich schon immer Freunde habe wohnen lassen. Unter Tränen funktionierte es mehr schlecht als recht, bis sie ein paar Monate später jemanden auftat, mit dem sie jetzt verheiratet ist. Wahrlich, ich habe mich dabei nicht mit Ruhm bekleckert. Übrigens hat nicht nur »Geige« 1974 auf dem Dachboden gewohnt, sondern auch »Harzer« und »Käse« 1977 und »Henna« 1987 und Michaela 1985. In meiner Wohnung auch noch »Bohne« und »Kai« aus Boizenburg.

Geige wohnte drei Monate auf dem Dachboden, dann zog er aus nach Burgau und brachte sich wenig später um. Er hinterließ einen Zettel: »Ich hoffe, ihr seht an meinem Beispiel wie sinnlos ein Selbstmord ist.« Auerbach hat bei »Bildung & Forschung« in Berlin bei der Gauck Behörde gearbeitet und wurde von kontaminierten Stasiakten infiziert. Er leidet jetzt an Blutkrebs. Die Akten wurden danach in einem Bergwerk eingelagert. Auch in Sachen Liebe habe ich, auch wenn ich nicht gerade aus einer elterlichen Pole Position kam, einige unnötige Fehler gemacht, die mir, wenn ich heute so darüber nachdenke, mehr leidtun, als ich auszudrücken fähig bin. Besonders dann, wenn es um Gefühle geht, leuchten bei mir weniger Kerzen auf der Torte als bei anderen, worunter insbesondere die Frauen, die mich ein Stück auf meinem Weg begleiteten, ehe sie schreiend von dannen rannten, aber auch meine Kinder, sicher sehr litten.

Doch es gab da dieses drückende Gefühl zwischen meinem Herz und meinen Bauch, dass ich aus meiner Kindheit schon kannte, und das sich immer dann einstellte, wenn ich von der Schule kam und schon wusste, dass der Alte mich verdreschen wollen würde. Später kam es immer dann, wenn ich verhaftet wurde, im Knast oder bei Verhören saß und nicht wusste, ob und wie ich wieder rauskommen würde. Also immer, wenn ich Willkür ausgesetzt war. Das waren wohl die schlimmsten Momente meines Lebens.

Überleben ließ mich meine Wut; sie beschützte mich vor Verzweiflung und Lethargie. Überleben ließ mich aber auch meine Fähigkeit, Hilfe anzunehmen, besonders die von Walter Schilling, der wohl der einzige ist und war, zu dem ich wirklich aufsah. Natürlich hätte ich weglaufen können oder »rübermachen«, wie man sagte. Aber wegzulaufen war für mich nie wirklich eine Option. Zum einen, weil ich Angst vor der Fremde hatte, und zum anderen, weil ich nach der Devise lebte: »Bleibe im Lande und wehre dich täglich!«

Lange Zeit und in jeder Beziehung, die ich führte, hatte ich den Traum, gemeinsam mit jemandem alt werden zu können, den ich wirklich liebte. Und immer wenn dieser Traum platzte, war dieses Drücken in mir wieder da, das ich dann meist in Schnaps zu ertränken versuchte. 1992 trafen wir uns mit der Redaktionsgruppe des »Telegraph« aus Berlin mit Walter bei Kuli in Schmölln. Wir wollten die Stasivorwürfe thematisieren, die kurz nach meinem Ausstieg auftauchten und von sehr unterschiedlichen Leuten thematisiert wurden. Da waren die einst staatstragenden Machtgehilfen von Polizei und Staatssicherheit, Leute, die mit mir ein Problem hatten bis hin zu den Neonazis, weil sie mich im Winzerclub sabotieren wollten. Dazu gehören auch die linken Faschos aus der JG. Alle die mich kennen und erlebt haben, sind noch nie auf diese Schauergeschichten hereingefallen. Am 19. September 1973 verstarb mein Vater und ich zog mit Heike zu meiner Mutter in die Meli 6. Sie überließ uns ihr Schlafzimmer und schlief fortan im Wohnzimmer. Dann wurde Heike schwanger und wir zogen auf den Dachboden. Maria kam am 17.6.1974 zur Welt, dem gleichen Tag wie ihr Vater. Als ich von der Schwangerschaft erfuhr, war ich erstmal pappensatt, ich konnte mir nicht vorstellen, wie es funktionieren könnte. Trotzdem lernte ich zu füttern und zu windeln, und entwickelte eine Beziehung, die 1977 zu Ende war, weil Heike ein Verhältnis mit einem Parteigruppenorganisator anfing.

Mir blieb nichts weiter übrig, als den Dachboden zu verlassen, und ich fand Unterschlupf in einer WG, Gorkistraße 1, Hinterhaus. Heike sorgte für ein Scheidungsurteil mit einem Umgangsverbot mit meiner Tochter Maria, da einem Staatsfeind nun mal kein Umgang zusteht. In der Parterrewohnung wurden zwei Zimmer frei und ich zog in der Meli wieder ein.

Dann kam 1982 die Beziehung zu Petra. Auch da schaffte ich, dass sie schwanger wurde, was mich total aus der Bahn warf. Das erste Kind durfte ich nicht sehen, nur löhnen, ich wollte kein weiteres Kind. Das führte zur Trennung, doch als Katharina 1983 geboren war, fand ich die Trennung bescheuert und Petra gab ihre Wohnung auf und zog in die Meli ein. Das Gäste- und Weinzimmer wurde zum Kinderzimmer, und meine Mutter freute sich. Auch zu Katharina entwickelte ich eine Beziehung. 1987 wurde Petra wieder schwanger und diesmal freute ich mich, wir hatten nur das Problem, dass die Wohnung zu klein war.

Wir gingen auf die Suche nach einem Wohnungstausch. Wir fanden 2 Familien, die sich verkleinern wollten und zogen 1988 in die Kollwitzstraße 12, 2. Etage, 150 m². Hier wohnten wir bis 1991, da

Petra dann die Scheidung einreichte. In der Zwischenzeit war Konrad 2 Jahre alt, ich war am Boden zerstört. Im März 1991 begann ich im Winzerclub einen Job und Wolfram überließ mir seine Wohnung gegenüber eines »Beate Uhse«-Ladens. Da wohnte ich, bis in der Meli eine Wohnung frei wurde, in die Petra mit den Kindern ziehen konnte.

Ich tat mich mit Käfer zusammen und wir wohnten in der »Kollwitz« bis 93, da gab es eine Mieterhöhung und ich baute den Dachboden für Käfer aus. Dann zogen wir 1993 wieder in die Meli, ich mit meiner Mutter ins Parterre und Käfer auf den Boden. Ab jetzt gab es wöchentlich ein bis zwei Tage, an denen ich die Kinder nachmittags betreute und ins Bett brachte. Mit Katharina gestaltete sich das schwierig. Hausaufgaben: Kein Bock, aufräumen: Denkste! Petra zog ein paar Jahre später in eine Wohnung um die Ecke. Katharina war in der Zwischenzeit in der JG gelandet. Schulschwänzen war an der Tagesordnung, bis sie im betreuten Wohnen des Jugendamtes landete. Doch auch hier war sie immer kurz vor dem Rausschmiss. 1992 gab es eine Dienstberatung in der Kollwiz, an der mein Chef teilnahm. Käfer baute einen Joint, den ich mit ihm zusammen rauchte. Unser Chef sagte daraufhin: »Ihr müsst euch keine Zigarette teilen, ich habe noch welche!« Später lachten wir und gingen auf ein Bier und noch einen Joint in den »KuKuk«. Wir saßen auf der Treppe, als plötzlich der Kirchenchor in der JG damit begann, zu trällern. Ich sagte: »Wie entsteht Death Core? Wenn du einen Molli in einen Kirchenchor wirfst!« Wir lachten uns halbtot und gingen schlafen. Ein Freund von mir hatte ein Projekt mit sogenannten Crashkids in Sibirien organisiert. Ich frage Katharina, ob sie Bock auf Urlaub habe – und es funktionierte. Ein anderer Freund, Kuno, begleitete das Projekt mit einem Filmteam. In Russland lernte sie viel über Land und Menschen. Ihre Betreuerin, eine liebe, aber rustikale Kampfemanze, hatte daran großen Anteil. Sie brachte sich von dort ihren ersten Hund mit, eine weiße sibirische Laika und hatte jetzt noch ihren Schulabschluss vor sich. In Kahla fand ich einen Schulleiter, der sich ihrer annahm, und sie schaffte tatsächlich ihre 10. Klasse. Leider lernte sie in Kahla einen Typen kennen, einen Loser, Dummschwätzer und Wutbolzen vor dem Herrn, namens Stefan. Sie wurde schwanger und brachte 2006 Lewin zur Welt. Stefan zog mit ihr auf dem Dachboden in der Meli ein, verabschiedete sich aber zwei Jahre danach und machte einer anderen Mutti zwei Kinder. Unterhalt - denkste.

2016 lernte sie wieder einen Arsch kennen, der sie nach der Geburt von Anton verließ, nachdem er zwei Türen zerbrochen hatte. Das machte ihr Leben zwar nicht glücklicher, aber einfacher. Maria heiratete 2002 Ronny aus Pfaffroda, der ihr zwei Kinder machte: Viktoria und Maximilian. Allerdings hielt er nicht viel von Kindererziehung. Vicky war sein Sternchen und Max der Verlierer, der irgendwann in einem betreuten Wohnen landete. Maria schaffte den Absprung und ließ sich vor drei Jahren scheiden. Gottseidank müssen die Kinder nicht mehr bei ihrem Vater leben, sie sind beide in Ausbildung.

Ein Grund, warum ich an der Frauenwelt stets scheiterte, war sicher meine Unfähigkeit, über Gefühle zu sprechen. Als Kind wurden sie im Rahmen von Zucht und Ordnung unterdrückt, als dicklicher Außenseiter in der Schule hielt ich mich zu cool für Gefühle, und als ich mich in meiner ersten Ehe auf dieses emotionale Chaos einließ, bekam ich einen Arschtritt vom Allerfeinsten. Dann kam die Geschichte mit Dackel dazu und es war ganz vorbei. Im Kern führte das erst zu Verzweiflung und dann immer mehr zu einer selbstgewählten Einsamkeit. Ich hatte Angst, verletzt zu werden und noch mehr davor, jemandem etwas in die Hand zu geben, dass mich angreifbar machen würde. Wer keine Beziehungen führt, geht

Schmerz aus dem Weg, es war also auch relativ bequem. So bequem, dass ich einige Jahre über Bord warf und mich schlichtweg verkroch. Die Rettung war weiblich und brachte das Glück mit, mich im stattlichen Alter noch einmal richtig schwer zu verlieben, was eine Welt für mich eröffnete, die ich kaum mehr für möglich hielt. Irgendwann 1980 lerne ich sie in der JG kennen, sie kam aus Rostock und war auf Klassenfahrt in Jena.

Nachts gab es noch eine Nachtwanderung zum Bismarckturm. 1986 führte mich mit acht Leuten aus der JG nach Rostock und natürlich konnten wir bei ihr übernachten. Danach radelte sie noch zwei Tage mit uns mit und es gab einen Platz in meinem Zelt. 1987 und 1988 besuchte sie mich ab und zu in Jena. 88 feierte sie ihren Abschied in der JG in eine Ehe. Danach habe ich nie wieder etwas von ihr gehört, bis 2010 das Telefon klingelte. Lange Rede kurzer Sinn, wir telefonierten sehr oft. Ihr Sohn Jannes war acht Jahre alt. Irgendwann sagte ich ihr, dass ich sie seit 1986 liebe. Dann kam eine Mail: »Sorry, aber Freunde lieben sich nicht.« Drei Wochen lang gab es viel Wodka, den mir meine Wladimirer Freunde immer mitbrachten, und am 18. Januar 2010 kam eine Mail, ich arbeite an meiner Scheidung. Das Wochenende darauf traf ich mich mit 90 Freunden aus ganz Deutschland in Prag im Botel Racek. Ich trank viel Sliwowitz aus Freude. Dann das erste Treffen in einem Hotel in Mecklenburg, wo ich an einem Film für den DFB arbeitete. Ein Wochenende in Köln zur Aufführung des Theaterstücks »Der dritte Weg« über den Oktober 1989 in Jena. Erst im Juni trafen wir uns in einem Häuschen im Biotop Vessertal, und seitdem alle paar Wochen in Berlin in ihrer neuen Wohnung, oder sie kam nach Jena. Das letzte Mal verbrachten wir auf dem Stutenhaus in Vesser 2014. Die Beziehung hatte keine Zukunft, weder für sie in Jena oder mich in Berlin. Zum 60. Geburtstag schenkte sie uns eine Woche Tel Aviv und Jerusalem.

Über AirBNB besorgte ich ein Zimmer in Tel Aviv bei einem Ehepaar, die sehr gastfreundlich waren und zu meinem großen letzten 60. Geburtstag im Hugo machte Juliane die Fotos. Beim Häuten der Zwiebel, wie man so schön sagt, treten also allerhand Dinge zu Tage, durch die ich immer wieder an mir zu zweifeln beginne, auch wenn ich weiß, dass man rückblickend so ziemlich alles in Frage stellen kann und diese »Was-wäre-wenn«-Spielchen niemandem weiterhelfen.

Was ich aber sagen kann: Ich bin wirklich froh, nie so geworden zu sein, wie mein Vater. Und nun, wo diese meine Zeilen wie meine Tage langsam weniger werden, hoffe ich, mit diesem Soundtrack meines Lebens eine Grundlage geschaffen zu haben, die dem ein oder anderen ein Verstehen, warum die Dinge so gekommen sind, möglich machen.

Da ich nicht im Stande war, mir einen besseren, treffenderen letzten Gedanken auszudenken, verabschiede ich mich mit dem eines anderen.

Das waren die...

... letzten Dinge.

Eins nach dem anderen
Werden sie verschwinden
und nie zurückkommen.

Ich kann dir erzählen
von denen, die ich gesehen habe,
von denen, die es nicht mehr gibt,
doch wird kaum Zeit dafür bleiben.

Paul Auster, Im Land der letzten Dinge.

Zeitfracht Medien GmbH
Ferdinand-Jühlke-Straße 7
99095 Erfurt, Deutschland
produktsicherheit@kolibri360.de